KB097507

상낭한 지성 ④

스스로를 아는 일。

몽테뉴 『수상록』 선집

앙드레 지드 엮고 지음

임희근 옮김

옮긴이의 말
자유와 즐거움의 정신

이 책은 작가 앙드레 지드가 몽테뉴의 『수상록』 Essais을 읽고 그 개요와 본문 중에서 인상적이었던 부분을 뽑아 소개한 것이다. 앞부분에서는 몽테뉴의 일생과 그의 사상을 언급했고, 뒷부분에는 몽테뉴의 글을 발췌해 실었다. 지드는 『수상록』을 그냥 읽은 것이 아니라 수십 년간 몽테뉴를 연구했다. 나는 몇 년 전에 지드의 『쇼팽 노트』를 다른 출판사에서 번역한 바 있는데 이 또한 아마추어의 글이 아니었다. 쇼팽과 피아노 음악을 소상히 알고 연주까지 하는 전문가의 글이었다. 지드는 자신의 많은 작품을 쓰면서도 다른 독서와 활동도 게을리하지 않았구나, 범인에게 이것이 가능한 일인가 생각하지 않을 수 없었다. 그리고 지드는 미국의 『예일 리뷰』The Yale Review에 글을 네 차례 기고했는데, 몽테뉴에 관한 글은 그 넷 중 마지막 글이었다고 한다.

『수상록』의 첫 부분에 나오는 몽테뉴가 독자에게

보내는 글을 읽어 보자.

독자여, 여기 거짓없이 진실되게 쓴 책이 있다. 미리
말해 두지만, 난 사소한 일상과 개인사만 여기에
썼다. 이 책은 독자에게 이득을 주거나 나의 명예를
드높일 작정으로 쓴 책이 결단코 아니다. 나는 그런
구상을 할 여력이 없다. 특히 내 부모님과 친구들이
편하게 읽길 바라며 이 책을 썼다. 나를 잃고
나서(언젠가는 나를 잃을 테니까) 그들이 이 책에서
내 행동이나 기질의 어떤 특징을 발견함으로써 나에
대해 알고 있던 것을 더욱 온전하고 생생하게 느낄
수 있었으면 한다. 만약 세상의 찬사를 받기 위해 이
책을 쓴 거라면, 나 자신을 좀 더 잘 꾸미고 시장을 잘
살펴서 선보였을 것이다. 독자들이 여기서 단순하고
평이하고 논란의 여지 없고 꾸밈없는 내 모습을
보길 바란다. 여기서 내가 그리는 것은 나 자신이기
때문이다. 독자는 내 결점을 생생히 읽을 수 있을
것이다. 그리고 타고난 나의 성정도 외람되지 않은
선에서 그대로 드러냈다. 아직도 태초의 법칙을
따르면서 달콤한 자유를 누리는 사람들 사이에서

내가 살고 있었다면, 기꺼이 나 자신을 가감 없이
홀딱 벗은 모습으로 그렸으리라.
그러니 독자여, 나 자신이 이 책의 소재다. 당신이
남는 시간을 이렇게 하찮고 쓸데없는 주제에
낭비하는 것은 이성적인 행동이 아니다. 그러면
안녕히 계시길 바란다.

미셸 에켐 드 몽테뉴는 누구인가? 그는 1533년에
프랑스 아키텐 지방 보르도 근처에 있는 생미셸(지금은
생미셸 드 몽테뉴로 불리는) 마을의 몽테뉴 성에서 태
어나 1592년에 같은 곳에서 세상을 떠났다. 그의 집안
은 증조부 때부터 상인으로 돈을 모아 일대의 땅과 몽
테뉴 성을 구입한 부유한 가문이었다. 아버지는 생선을
파는 상인이었다.

그는 철학자이자 인본주의자이자 르네상스 시대
의 모럴리스트였고, 박식한 작가였을뿐더러 프랑스어
로 글을 쓴 '인문과학과 역사학'의 선구자이자 창립자
였다. 그가 '에세'Essais를 씀으로써 '에세이'라는 것이
문학의 장르로 자리 잡게 되었다. 몽테뉴의 휴머니즘
은 『수상록』에서 비로소 제대로 펼쳐졌던 것이다.

휴머니즘과 다양한 언어 구사에 심취한 부유한 상인이었던 아버지 피에르 에켐 드 몽테뉴에게서 교육받은 미셸 에켐 드 몽테뉴는 논쟁법을 배우고, 때로는 마음대로 모험하는 삶을 살았다. 몽테뉴는 평민에게 공감을 느끼기는 했지만 귀족으로서 부족함 없는 인생을 살았던 것 같다. 어머니가 평생 가까이 살았고, 아들보다 더 오래 산 듯하지만 『수상록』에는 두 번밖에 언급되지 않는다. 하지만 아버지 이야기는 자주 나온다. 그는 태어나자마자 아버지의 뜻에 따라 민간의 삶과 그 어려움에 친숙해지도록 주변 농가에 맡겨져 세 살 때까지 양육되었다. 이후에는 몽테뉴 성으로 돌아와 자랐는데, 여기서 처음 익힌 언어가 라틴어였다. 하인과 부모님이 모두 라틴어만 사용해 그도 자연스럽게 라틴어를 배우게 된 것이다. 그 뒤로는 아버지가 초빙한 독일인 가정교사 밑에서 공부했고, 책을 통한 교육이 아니라 놀이를 통한 교육으로 라틴어와 그리스어에도 능통하게 되었다. 요컨대 어린 시절부터 몽테뉴는 '자유와 즐거움'의 정신에 익숙해졌다. 그리고 억지로가 아니라 자발적으로 의무를 완수하는 습성을 길렀다. 1539년경에는 보르도의 기숙학교에서 교육을 받았다. 열세 살 무렵엔 유명한 라틴어 학자 밑에서 전 교과 과정을 섭렵했다. 1546년 툴루즈대학에 진학해 법학을 공부했다. 건강한 열혈청년이자 왕성한 독서가로 성장한 몽테뉴는 1546년부터 1557년까지의 행적은 불분명하나, 1554년부터 페리괴 조세법정에서 일했고 1557년부터 보르도 고등법원 판사로 봉직했던 듯하다. 1561년부터 1563년까지는 샤를 10세의 법정에서 판사로 일했다. 이때 프랑스 귀족으로서 최고의 영광인 생미셸 교단의 작위를 받았다.

젊은 시절에 5년간 선배이자 동료였던 휴머니스트 시인 에티엔 드 라 보에시와 굳건한 우정을 쌓았다. 1563년에 라 보에시가 뜻하지 않게 죽자 그에게 많은 영향(스토아철학 사상 등)을 받은 몽테뉴는 큰 충격을 받았다. 친구의 죽음 이후 그의 스토아주의는 더욱 강화되었다. 혹자는 친구를 잃은 그가 대신 소통 수단으로 『수상록』을 쓰게 되었다고도 했다.

1565년 프랑수아즈 드라카세뉴와 중매로 결혼한다. 아내는 그 지방의 부유한 상인의 딸이었다. 1568년 봄에 아버지를, 가을에 남동생을, 1570년에 딸을 잃는다. 딸은 여섯 중에 둘째딸만 남고 모두 죽는다. 『수상록』에는 아내에 대한 언급은 별로 없지만 딸 레오노르에 대한 이야기는 나온다.

그는 신실한 그리스도교인으로 신성동맹* 참가국에 맞서고 프랑스 왕에게 충성했다.

1568년에 아버지가 돌아가시자 그는 땅과 성과 작위를 상속받아 부유해졌고, 1570년에는 판사직을 사직하고 몽테뉴 성에서 글쓰기에만 전념했다. 아버지 사후에 그가 아버지의 요청으로 번역한 카탈루냐 출신 수도사 레몽 스봉의 저작이 출간되었고, 죽은 친구 라보에시의 유작도 그가 모아서 출간했다. 1571년부터 성의 탑에 은거하며 유유자적하는 삶을 영위하면서도 한편으로는 보르도를 중심으로 한 아키텐 지방의 정치에도 적극 참여해 1581년부터 1585년까지 두 번이나 보르도 시장을 지냈고(여행 중에 시장으로 선출되었음을 알고 고향으로 돌아왔으며 1585년 재선되었다) 내전 시기엔 이 지방을 다스리던 드마티뇽 원수元帥와 모친인 잔 달브레의 엄격한 개혁 약속을 따르는 개신교파 부르봉 왕가의 젊은 수장 앙리 드나바르(훗날 앙리 4세가 된다) 사이에서 중재자 노릇을 하기도 했다. 몽테뉴는 사악한 결과를 물리치는 지식이 사악한 습관을 혐

---

* 1571년 동지중해를 장악하고 있던 오스만제국이 서쪽까지 진출해 교황령을 위협하는 것을 막고자 교황 비오 5세가 주도해 주변 가톨릭 국가들과 결성한 동맹.

12

오하게 한다고 믿었다.

건강하던 그는 1578년 말경부터 소변을 볼 때 통증을 느끼기 시작했고, 1년 반 만에 부친이 말년에 앓았던 신장결석이 악화되어 만성병이 되었다. 이 병은 집안 내력이었다. 이때부터 환자가 된 그는 서둘러 글을 쓰고 호기심을 충족했다. 멀리까지 치료하러 찾아다니고 청년 시절부터 매혹을 느낀 이탈리아와 독일 등지를 여행하면서 병을 낫게 해 보려 애썼다.

몽테뉴는 1571년에 착수한 『수상록』 집필을 계속하고 죽을 때까지 글을 고쳤다. 이 책을 집필 중이던 1572년에 비극적인 '성바돌로매 축일의 학살' 사건이 일어나 다수의 신교도가 희생되었다. 이는 30여 년간 계속된 프랑스 종교전쟁 중에서도 가장 악명 높은 사건이다. 오랜 종교전쟁 중에 가톨릭 신자였던 몽테뉴는 신구교 양측을 화해시키는 역할을 했다. 그는 가톨릭 왕인 앙리 3세와 개신교 신자였던 앙리 드나바르를 공히 섬겼다. 『수상록』은 프랑스 당국에서는 눈감아 주고 1676년 교황청에서는 요주의 대상 서적 명단(블랙리스트)에 넣은 특이한 책이다. 이 책은 셰익스피어부터 파스칼과 데카르트까지, 니체부터 프루스트와 하이데거까지 프랑스와 유럽 유수의 대작가에게 영감을 주었다.

　독자를 가르치기보다 먼저 자기 모습을 제대로 그려 보자는 몽테뉴의 계획은 설령 아우구스티누스의 『고백록』을 모른다 하더라도 독창적인 계획인 것 같다. "내 목적은 오직 나 자신을 그리는 것뿐이다." "내가 그리는 것은 나의 행위가 아니라 나 자신, 즉 나의 본질이다." 『고백록』에서 아우구스티누스는 젊은 시절에 저지른 잘못을 뉘우치고 밀라노에서 체류하던 중에 일종의 계시를 받고 예수그리스도를 믿게 된 자기 영혼의 궤적을 글로 썼다. 훗날 장 자크 루소는 동시대인 앞에서 스스로를 정당화하려 했고, 스탕달은 이기주의를 북돋운 작가라 할 수 있다. 몽테뉴는 이 세 사람과 달리 "부모님과 친구들에게 내 모습을 제대로 알리겠다"는 야심을 키워 간다. 즉 인간의 정신세계를 탐구하고 인간 조건의 형태를 묘사하겠다는 야심이다. 그가 독자에게 보내는 첫머리의 글에서 이 책이 "하찮고 쓸데없다"고 한 이유는 자기 글이 소르본대학에서 허용된 도덕론과는 다르기 때문이었을 것이다. 그러나 몽테뉴는 강조한다. 누구든 이 책을 읽으면 자기의 경험으로

부터 이득을 얻을 수 있을 거라고. 동시대인이 극찬한 『수상록』의 지혜는 교조주의의 경계 너머까지 뻗어 있으며 정말 누구에게나 유익할 수 있다. 왜냐하면 "사람은 저마다 인간 조건의 형태를 고스란히 갖고 있기 때문"이다. 현자의 행복은 어디까지나 삶을 사랑하고 충만히 맛보는 것이다. "자기 존재를 충실히 즐길 줄 안다는 것은 절대적 완성이며 말하자면 신성한 일이다." 1588년에는 『수상록』 3권을 펴냈고 양녀가 될 마리 드 구르네를 만났다. 이 여성은 그의 사후 『수상록』 출간에 지대한 역할을 하게 된다.

이 책의 내용은 예일대학교에서 발간하는 잡지 『예일 리뷰』 1939년 3월호에 처음 발표되었고 나중에 앨프리드 O. 멘델이 편집한 Living Thoughts Library 시리즈의 세 번째 책으로 런던, 토론토, 멜버른, 시드니의 카셀 출판사에서 『몽테뉴』라는 제목으로 출간되었다.

이 책이 영어로 되어 있어 앞부분 지드의 글은 부득이 영어에서 한국어로 번역할 수밖에 없었지만, 『수상록』을 발췌해 실은 뒷부분은 중역을 피하기 위해 프랑스어 원문을 찾아 일일이 대조하며 번역하느라 나름대로 신경을 많이 썼다. 영문판에 원문 쪽수가 표시되어 있지 않아 애를 먹었다. 이 영문판 책은 15개국에서 출간되었다.

나에게 번역을 의뢰해 준 조성웅 대표와 까다로운 번역 원고를 훌륭히 손보아 준 교정자 류현영의 노고에 감사드린다. 16세기 프랑스어가 지금과 많이 다르고 몽테뉴가 쓴 표현도 현대의 그것과 다른 면이 많아 결코 쉽지 않은 번역 작업이었다. 몇 번씩 다시 보며 최선을 다했다. 혹시 오류가 있다면 옮긴이의 탓이다. 원서로 채택한 텍스트는 폴리오 판『수상록』전 3권이다.

몽테뉴의『수상록』은 전 3권으로 출간될 정도로 방대하지만, 앙드레 지드는 여기서 마음에 드는 글만 부분적으로 발췌해 간추려 놓았다. 그러니까 이 책은 '지드가 본 몽테뉴'인 셈이다. 줄거리는 아무래도 소크라테스가 말한 "너 자신을 알라"와 상통한다. 몽테뉴가 남긴 유명한 말도 "나는 무엇을 아는가?"Que sais-je? 가 아닌가? 이것이 늘 그의 화두였다. 여기 발췌된 글만 읽어도 알 수 있을 것이다.『수상록』전체의 흐름에 관심이 있다면 전체 텍스트를 읽기를 권한다. 전체 텍스트를 읽거나 간추린 이 책을 주의 깊게 읽는다면 '스스로에 대한 앎'이 좀 더 뚜렷해질 것이며, 부디 그러길

바란다. 스스로를 아는 일이 다른 모든 것을 아는 일의
출발 아닌가?

2020년 10월
임희근

몽테뉴에 관하여

몽테뉴는 『수상록』이라는 책만 썼다. 그렇지만 미리 정해진 계획도 없이, 체계도 없이 우연히 드는 생각이나 독서하다 떠오른 생각을 쓴 이 책에 몽테뉴는 자신을 다 쏟아부었다. 그는 이 책을 네 번이나 출간했다. 초판은 그가 47세 때인 1580년에 나왔다. 이 글을 다시 손보고 고치고 완벽하게 다듬어 그가 죽은 해인 1592년에 수정본과 마지막 판본에 추가된 부록이 딸린 다른 판본이 나왔다. 생전의 몽테뉴는 독일 남부와 이탈리아를 두루 여행했고(1580~1581년) 보르도 시장이라는 중책도 맡았다. 그는 종교전쟁에 프랑스가 극심하게 흔들리던 시대에 외국을 다니며 쌓은 관찰과 공직 생활의 경험에서 나온 미덕을 독자에게 전해 준다.

이때부터 그는 오직 자기 사상에만 전념하기 위해 공직을 그만두고 서재에 틀어박혀 여생 내내 고향 페리고르 지방의 자기가 태어난 작은 성을 떠나지 않았다. 이 성에서 그는 『수상록』 3권에 수록된 몇 장章을 썼다. 먼저 썼던 것을 다시 보고 고치고, 더 나은 표현으로 바꾸고 600군데나 덧붙였다. 끊임없이 독서하며 모은 많은 인용문을 처음 쓴 글에 넣기도 했다. 왜냐하면 몽테뉴는 모든 것이 이미 누군가가 생각하거나 말한 것이라고 확신했고, 사람은 언제 어디 있으나 항상 똑같다는 것을 보여 주려고 부심했기 때문이다.

그가 쓴 몇몇 장은 인용문이 많아, 마치 그리스와 로마의 저자들이 만든 빡빡한 푸딩 같다. 이렇게 인용문이 많기 때문에 때로는 이 책이 정말 몽테뉴가 쓴 것인지 의심하는 사람도 있었다. 이처럼 뒤죽박죽 섞인 고대의 글을 인용하고도 책이 엄청난 성공을 거두었다는 것은 정말 예외적인 사례일 것이다.

이처럼 박학다식을 자랑삼는 것은 딱히 몽테뉴에게만 해당하는 일이 아니다. 당시는 인류가 그리스·로마 문화 쪽으로 고개를 돌리던 시대였으니까. 에드워드 기번*이 정확하게 지적한 대로 고전 연구는 르네상스의 시작보다 훨씬 앞서 이루어졌지만, 이 때문에 서양 사람들의 지적 발전이 앞당겨지기보다는 오히려 늦어졌다. 당시 작가들은 영감과 자극보다는 모델을 찾

---

*영국의 역사가·작가. 주요 저서로 『로마제국 쇠망사』가 있다.

는 데 주력했기 때문이다. 보카치오와 라블레 시대에 배움이란 인간의 정신에 아주 부담이 되는 일이었으며, 인간 해방에 도움이 되기는커녕 오히려 방해가 되는 것이었다. 고대인 특히 아리스토텔레스의 권위 때문에 문화는 일종의 틀에 박힌 활동이 되었고, 16세기에 파리대학은 거의 책벌레와 현학적인 학자만 모이는 곳이 되었다.

몽테뉴는 이러한 학문 중심 문화에 저항하기보다 잘 동화되어 그것을 자기 것으로 만들었기 때문에 이런 문화가 그의 정신에 전혀 장애가 되지 않았고, 바로 이 점에서 그는 동시대의 다른 모든 작가와 구별되었다. 기껏해야 그는 자기 작품에 인용문을 잔뜩 넣어 당시의 유행을 따랐을 뿐이다. 그러나 "고기를 배불리 먹었다 해도 그것이 소화되지 않아 몸을 튼튼하게 하는 데 도움이 되지 않는다면 무슨 소용이겠는가?"라고 그는 묻는다(『수상록』 1권 4장). 그리고 좀 더 듣기 좋은 표현으로 "여기저기서 꽃을 찾아다니다 나중에는 백리향 꿀도 아니고 마저럼 꿀도 아닌 자기만의 특별한 꿀을 만들어 내는" 꿀벌에 자신을 비교한다.

『수상록』의 성공은 저자의 비범한 인성이 아니고서는 설명하기 힘들 것이다. 몽테뉴가 당시의 세상에 어떤 새로운 것을 가져왔을까? 스스로를 아는 일. 이것 말고 다른 지식은 모두 그에게 불확실한 것으로 보였다. 몽테뉴가 발견한—또 진면목을 파헤친—인간은 너무도 순수하고 너무도 진실해서 『수상록』을 읽는 독자는 모두 그 안에서 자신을 발견하게 된다.

인류의 관습적 모습에서 진정한 자아를 찾으려는 시도는 어느 시대에나 있었다. 몽테뉴는 이 가면을 벗기고 본질에 접근하고자 한다. 이 시도가 성공했다면 그건 부지런한 노력과 비범한 통찰력 덕분이다. 관습과 이미 굳게 자리 잡은 믿음, 순응주의에 맞서 언제나 깨어 있고 편하면서도 긴장하고 즐기고 매사를 재미있어하고 미소 짓고 관대하지만 타협하지 않는 비판 정신을 유지하는 목적은 알기 위한 것이지 누구를 교화하기 위한 것이 아니다.

"몽테뉴는 모든 작가 중에 가장 솔직하고 정직한 작가다." 플라톤, 스베덴보리, 셰익스피어, 괴테, 나폴레옹 그리고 몽테뉴를 대표적인 여섯 위인으로 꼽은 랠프 월도 에머슨은 말했다. 에머슨은 자신의 책 『몽테뉴 혹은 회의주의자』에서 『수상록』이 "확실히 시인의 서재에 있던 유일한 책"이라고 말한다(여기서 시인이란 셰익스피어를 가리킨다). 그는 또 "리 헌트가 바이런 경 얘기를 하면서 만족스럽게 읽었다고 토로한 작가 중에 몽테뉴가 유일하게 지난 시대의 위대한 작가였다"는 말을 덧붙인다. 더 읽어 보면 이런 대목도 나온다. "편견이 아주 심한 이 시대(16세기)에는 기번의 책을 읽어야 하겠지만, 프랑스엔 자유주의자가 두 명 있다. 앙리 4세와 몽테뉴다."

몽테뉴에게 몸은 마음만큼이나 중요하다. 그는 몸과 마음을 분리하지 않으며 자기 생각을 추상적으로 전달하지 않으려 끊임없이 유념한다. 그러므로 우리는 몽테뉴의 말을 듣기에 앞서 특히 그의 모습을 보아야 한다. 우리에게 전신 초상화의 모든 요소를 제공하는 것은 바로 그 자신이다. 그럼 그의 초상화를 보도록 하자.

그는 키가 작은 편이다. 얼굴은 퉁퉁하지는 않지만 이목구비가 꽉 차 있다. 당시의 유행에 따라 짧은 콧수염을 길렀다. 그의 감각은 "건전하고 완벽에 가깝다". 그가 건강한 육체를 부도덕하게 놀리긴 했지만, 워낙 정이 많고 47세에 가볍게 신장결석을 앓아서 그랬던 것이다. 걸음걸이는 안정감 있고 태도는 퉁명스럽고 목소리는 크고 낭랑하다. 말하기를 좋아하는데, 언제나 격하게 흥분해서 말한다. 아무거나 먹성 좋게 잘 먹다 보니 때로는 자기 손가락까지 깨문다. 당시에는 식사할 때 포크를 사용하지 않았으니까. 그는 말을 매우 자주 타고 다녔고, 노년에도 말을 얼마나 오래 타든 피곤한 줄 몰랐다. 그는 말한다. 잠자는 데 많은 시간을 할애한다고. 그리고 미국 독자들*이 미소 지을 만한 소소한 습관을 빼놓고 싶지 않다. 몽테뉴는 앉을 때 "두 다리를 앉은 자리보다 높은 데 걸쳐 두길" 좋아했다(3권 13장).

저자의 중요성은 그의 개인적 가치에만 달린 것이 아니라 그가 던지는 메시지가 시의적절한가 여부에도 크게 좌우된다. 저자의 메시지가 역사적으로만 중요할 뿐 오늘을 사는 우리에게는 와닿지 않는 경우도 있다. 과거라면 그런 메시지가 사람들을 열광시키고 양심을 흔들어 놓고 혁명을 일으켰을지도 모른다. 하지만 지금 우리 귀엔 그런 것이 들리지 않는다.

위대한 저자란 그가 쓴 작품이 한 나라와 한 시대의 필요에 부응할 뿐만 아니라 여러 국적과 여러 세대

---

* 이 글은 예일대 출판부에서 내는 『예일 리뷰』에 처음 발표되었다.

에 걸쳐 갖가지 배고픔을 채울 양식을 주는 사람이다. "미심쩍어하는 독자는 다른 사람의 글에서 저자가 의미하려던 바와는 전혀 다른 완벽함을 발견하는 경우가 많고, 어쩌면 저자는 꿈도 꾸지 못한 우연처럼 더 풍부한 의미와 탁월한 축조술로 그 글을 보여 주는 경우가 많다"라고 몽테뉴는 말한다(1권 24장). 그 자신이 이런 저자였는가? 그리고 그는 '미심쩍어하는 독자'가 던질 만한 새로운 질문에 답할 수 있는가? 외람되지만 그랬으면 좋겠다.

우리 시대에는 어느 나라에서나 특히 건설적인 정신이 필요하다. 대중이 가장 좋아하는 저자는 거의 모든 사람과 우리 각자를 개인적으로 괴롭히는 고통스러운 정치, 사회, 도덕 문제에 주의 깊게 도출된 해결 방도를 제시하는 저자다. 몽테뉴가 어떤 방도도(몽테뉴 시대에 유효했던 방도가 어찌 우리 시대에 실천 가능하겠는가?), 어떤 철학적·사회적 체계도 제시하지 못한 것은 사실이다.

몽테뉴보다 더 무질서한 정신을 가진 저자는 없다. 그는 정신을 자유롭게 풀어놓아 마구 뛰놀게 하고 멋대로 뛰어다니게 한다. 에머슨이 몽테뉴를 회의주의

(즉 반교조주의, 질문하고 탐구하는 정신)의 가장 완벽한 대표로 여겼던 이유인 그의 끝없는 의구심조차도, 환자가 그를 치료하는 데 썼던 물질까지 없애 버리는 설사약에 비할 만하다는 말이 있었다. 그래서 어떤 사람들은 몽테뉴의 "크세주?"(나는 무엇을 아는가?)라는 말에서 그의 지혜와 가르침의 더없이 높은 수준을 한꺼번에 보는 것이다. 그 말에 내가 만족한다는 것은 아니다. 『수상록』에서 맘에 드는 것은 그 책에 배어 있는 회의주의도 아니고 그 책에서 끌어낸 교훈도 아니다. '미심쩍어하는 독자'라면 몽테뉴의 글에서 의혹과 질문보다 더한 것, 더 나은 것을 찾아낼 것이다.

시대가 바뀌어도 계속 반복되는 빌라도의 잔인한 질문에 대해 몽테뉴는 매우 인간적이고 세속적이지만, 또 매우 다른 의미이지만 그리스도의 신성한 답변("나는 진리다")을 상정했던 것 같다. 즉 몽테뉴는 인간이 정말로 자신밖에는 아무것도 알 수 없다고 생각한다. 그래서 자기 자신에 대해 그렇게 많은 말을 했던 것이다. 스스로를 아는 것이 그에겐 실제로 무엇보다 중요해 보였으니까. 몽테뉴는 말한다. "사물이든 인간이든 가면을 벗겨야 한다."(1권 20장) 그는 스스로 가면을 벗고 본모습을 드러내기 위해 자신을 그린다. 가면은 그 사람 자신보다는 그 나라와 시대에 훨씬 많이 좌우되므로 각 민족이 서로 다른 이유는 무엇보다도 가면 때문이다. 그래서 가면이 정말로 벗겨진 존재에게서 우리 자신과 비슷한 점을 쉽게 알아차릴 수 있는 것이다.

몽테뉴는 스스로 그린 자화상이 자신에게 특별한 만큼 일반 사람에게도 흥미로울 거라는 생각까지 한다. 이 심오한 진실 때문에 우리는 아닌 게 아니라 그의 초상에 큰 관심을 갖는다. 왜냐하면 "사람은 저마다 인간 조건의 형태를 고스란히 갖고 있기" 때문이다(3권 2장). 그보다 더한 것이 있는데, 몽테뉴는 "핀다로스의 말처럼 참된 진실이 위대한 미덕의 시초"라고 확신했다(2권 18장). 몽테뉴가 플루타르코스에게서 빌려 왔고 플루타르코스는 핀다로스의 시에서 가져온 이 감탄스러운 말을 나는 내가 지어낸 말처럼 하고 있다. 나는 『수상록』 서두에 이 말을 쓰고 싶다. 이 말에는 무엇보다도 내가 그의 책에서 이끌어낸 중요한 교훈이 담겨 있기 때문이다.

그렇지만 몽테뉴가 처음부터 자신의 대담함과 결

연함의 한계를 파악하고 자신에 관한 진실을 인정하며 자신의 본래 모습을 그린 것 같지는 않다. 바로 이것이 그의 그림에서 초기에 보이는 머뭇거림, 역사의 무성한 덤불에서 대피처를 찾으려는 시도, 인용문과 사례—허가된 것이라고 난 말하고 싶다—를 잔뜩 쌓아 올린 이유, 끊임없는 암중모색을 설명해 준다. 자신에 대한 관심은 처음엔 무엇이 중요한지 뚜렷한 생각이 없이 막연하고 혼란하며, 겉보기에 가장 무시할 만하고 가장 경시되는 것이 실제로는 가장 주의를 기울일 만한 것일지 모른다는 의구심이 섞여 있다.

그에게 모든 것은 호기심과 재미와 놀람의 대상이었다. "나는 세상에서 나 자신만 한 괴물이나 그만큼 놀라운 것은 보지 못했다. 시간이 가고 버릇이 들면서 사람은 이상한 것에 차츰 익숙해지지만, 나 자신을 자주 돌아보고 알면 알수록 내 기형에 더 놀라게 되고 나 자신을 점점 더 모르겠다."(3권 11장) 그리고 우리가 몽테뉴를 좋아해 그를 정확히 우리 자신 중 한 명으로, 즉 보통 사람으로 인정할 수 있을 때 그가 자신의 '기형'에 대해 이렇게 말하는 것을 들으니 얼마나 기쁜가.

그는 『수상록』 3권이자 마지막 권(첫 출간 때는 없었던)을 쓸 때에야 비로소 자기 자신이 아니라(아무도 스스로를 장악할 수는 없다) 주제를 완전히 장악하고 암중모색을 멈추었다. 그는 말하고 싶은 것, 말해야만 하는 것이 뭔지 터득하고 그것을 비할 데 없이 감탄스럽고 우아하고 장난스럽고 절묘하고 독창적인 표현으로 말한다. 몽테뉴는 (도덕주의자에 대해 얘기하며) 말한다. "남들은 인간을 빚는다. 나는 인간을 이야기한다." 몇 줄 뒤에 좀 더 미묘하게 이런 말도 한다. "나는 본질이 아니라 이행 과정을 그린다"I describe not the essence but the passage(3권 2장)(독일인이라면 'passage' 대신 'werden'이라는 단어를 쓸 것이다).

몽테뉴가 계속 몰두했던 것은 만물의 끝없는 흐름이며, 이런 말로 그는 인간성이 불안정하다는 점을 지적한다. 인간성이란 고정불변한 것이 아니라 변하는 그 덧없는 순간에 그저 그 자체를 의식하는 것일 뿐이다. 다른 모든 확실성이 그의 주위에서 붕괴해도, 적어도 이것만은 더 커지고 강해져 어쨌든 이 주제—자신이라는 주제—에 관해서는 몽테뉴가 "살아 있는 사람 중에 가장 노련한 사람"이었고, "사람은 결코 자신이라는 주제를 더 멀리까지 파고든 적도, 스스로에게 제안한 목표에 더 정확하고 충만하게 이른 적도 없다". 그것을 위해 그에게 "필요한 건 오직 성실성"뿐이었다. 그리고 그는 즉시 덧붙인다. "그 안에서 찾을 수 있는 가장 진실하고 순수한 것이 바로 그것이다."(3권 2장)

우리가 몽테뉴의 『수상록』을 읽으며 느끼는 막대한 쾌감은 그가 이 책을 쓰면서 느낀 막대한 쾌감에서 온다. 이 쾌감을 우리는 말하자면 한 줄 한 줄 읽을 때마다 느낀다.

세 권에 달하는 『수상록』의 모든 장 가운데 한 장만이 누가 봐도 지루하다. 이 장은 단연 제일 길고 몽테뉴가 전심전력으로 주의하며 세심하게 쓴 부분으로, 바로 「레몽 스봉의 변명」이라는 장이다. 레몽 스봉은 15세기 스페인 철학자인데 프랑스의 툴루즈대학에서 의학을 강의했고, 그의 저서 『자연 신학』을 몽테뉴가 자기 아버지의 요청으로 공들여 번역하기도 했다. "그 번역은 내게 낯선 작업이었고 새로운 일이기도 했다. 그러나 다행히 시간이 있었고 세상에서 가장 훌륭하신 아버지의 명령을 거역할 수 없어 (할 수 있는 한) 많은 시간을 들여 이 책을 끝까지 번역했다."(2권 12장).

이 장이 몽테뉴가 첫 번째로 쓴 장이다. 『수상록』에서 가장 유명한 장이자 가장 자주 인용되는 부분이기도 하다. 몽테뉴의 정신은 본래 매우 두서없고 무질서한데, 여기서는 일종의 신조를 발전시키려 애쓰면서 그의 일관성 없는 회의주의에 뚜렷한 일관성이 생겨난다. 하지만 그의 정신을 오직 목표에만 집중하는 바람에 느리게 흘러가는 절묘한 매력과 우아함이 거의 다 없어져 버린다. 우린 몽테뉴가 일정한 목표를 향해 직진한다는 걸 느끼고, 나중에 그가 자신의 정신이 전인미답의 길을 따라 가고 싶은 대로 가게 놔두면서 길섶에 자라는 우연히 발견한 꽃을 따 모으게 할 때만큼 매혹되지 않는다. 저자가 쓰면서 기쁨을 느끼는 글, 어려움과 노력이 거의 드러나지 않는 글보다 더 자연스럽게 완벽하고 아름다운 작품은 없다고 나는 여기서 강조하고 싶다. 예술에서 '진지함'이란 아무 소용이 없다. 가장 확실한 안내자는 즐거움이다.

『수상록』의 다른 장을 보충하는 다른 모든 글 혹은 거의 모든 글에서 몽테뉴의 생각은 액체 상태처럼 불확실하고 변화무쌍하며 모순적이기까지 해서 나중에 더없이 다양한 해석이 나온다. 예컨대 파스칼과 칸트 같은 작가는 몽테뉴를 그리스도교 신자로 보고자 한다. 혹자는 에머슨처럼 회의주의의 전범으로 본다. 또 혹자는 볼테르의 선구자로 보기도 한다. 생트뵈브는 『수상록』을 스피노자의 『윤리학』의 예비 단계, 전실前室로 보기까지 한다.

나는 생트뵈브의 이 말이 진실에 가장 가까운 것 같다. "자신을 특별히 돋보이려 하고 한 묶음의 독특한 광증으로 축소하려 하면서 그는 자신의 가장 은밀한 부분으로 우리 모두를 감동시켰고, 부주의하고 참을성 있고 끊임없이 반복되는 타격으로 스스로의 초상을 그리면서 영리하게 인류 대부분의 모습을 집어냈고, 그모든 것은 자신만의 자아—그의 말을 빌리면 '흔들리고 다양한' 자아—를 면밀히 해부할수록 더 성공적이었다."(『포르루아얄』 3권 2장) 우리 모두는 몽테뉴에게서 자기 자신의 속성 일부를 발견한다.

자신이 일관성 없고 모순적인 존재임을 받아들이는 데 성공했다는 것이 몽테뉴가 대단히 용기가 있다는 표지라고 나는 생각한다. 『수상록』 2권 서두의 이런 문장이 경고 역할을 한다. "인간 행동을 통제하는 훈련을 하는 사람은 어느 한 부분에도 그리 난점을 못 느껴 쉽사리 조각을 한데 모아 하나의 등불로 만든다. 왜냐하면 조각들은 서로 아주 이상하게 모순되는 일이 많아 도무지 같은 창고에서 나왔다고 볼 수 없는 것 같기 때문이다."(2권 1장)

인간 감성의 위대한 전문가인 셰익스피어나 세르반테스, 라신은 모두 어쨌든 인간 존재의 일관성 없음을 짧게나마 흘긋 보았다. 하지만 당장은 의심의 여지 없이 고전 예술을 세우는 예비 작업으로 다소 기초적인 심리학을 일반적이고 예리하게 규정된 선상에 확립해야 했다. 연인은 연인 노릇만 해야 하고, 구두쇠는 구두쇠 역할만 해야 하며, 질투하는 사람은 100퍼센트 질투하는 사람이어야 하는 반면, 아무도 이런 특질을 동시에 갖지 않도록 조심해야 한다.

몽테뉴는 그런 "보편적인 표정을 지으며 그 이미지대로 행동하는 훌륭한 저자는 인간의 모든 행동을 배열하고 해석한다. 그들이 충분히 씨름할 수 없다면 태도를 바꿔 그런 척한다"라고 얘기한다(2권 1장)(그의 말은 그가 알고 지낸 사람보다는 그의 추종자에게 더 맞는 말이다). 그리고 덧붙인다. "아우구스투스 황제는 그들의 손아귀에서 빠져나갔다." 그는 약 1세기 후에 생테브르몽이 "우리 영혼에는 그(플루타르코스)가 빠져나가지 못한 후미진 곳과 굽은 곳이 있다. (……) 그는 인간을 너무 대충 판단하고 인간이 현재 자신으로부터 그리 달라지지 않는다고 생각했다. (……) 그의 생각에 모순이 있는 이유는 외부적 요인 때문일 것이다. (……) 몽테뉴는 그것을 이보다 훨씬 잘 이해했다"라고 말한 것과 같은 어조로 이런 말을 한 것이다.

내가 보기엔 몽테뉴가 생테브르몽과는 달리 '일관성 없음'보다 더한 걸 보았던 것 같다. 바로 이 말로 덮어 두면 진짜 문제는 감춰져 버린다고 나는 생각한다. 그리고 훨씬 뒤에 도스토옙스키 그리고 더 훗날 프루스트가 이를 공격했다. 그래서 혹자는 "여기서 문제가 되는 것은 우리가 지금 살아가며 토대로 삼고 있는 인간의 개념"이라고 말했다. 프로이트 등등이 지금 한창 파괴하고 있는 개념이다.

아마 몽테뉴에 관한 가장 놀라운 사실, 우리에게 가장 직접 와닿는 사실은 그가 뜻하지 않게 인간성의 불확실한 한계와 자아의 불안정성을 갑작스럽고도 드물게 조명했다는 것이다.

몽테뉴의 동시대인은 보는 안목이 없거나 어쨌든 그 중요성을 판단할 안목이 없어서 오늘날 우리에게 가장 와닿는 몇몇 구절을 피했던 것이 분명하다. 그리고 몽테뉴 자신도 그들의 무관심을 부분적으로 공유했던 것 같다. 이젠 더 이상 우리의 관심을 끌지 않는 것에 대한 당시 사람들의 호기심을 공유했듯이 말이다. 몽테뉴가 오늘날 세상에 다시 살아 돌아온다면 필시 이렇게 말할지 모른다. "여러분이 관심을 가질 법한 것이 이런 거라는 걸 알았다면 훨씬 더 많은 얘기를 했을 것이다!" 대체 왜 그땐 그런 것에 관심이 없었을까? 동시대인을 기분 좋게 해 주는 것이 중요한 게 아니라 읽는 독자의 마음에 드는 게 중요하다. 그가 살았던 시대의 사람들이 비판했거나 간과했던 점이 저자가 시대를 뛰어넘어 오늘날의 우리에게 와닿고 우리와 소통하는 데 성공하는 바로 그 점인 경우가 많다. 당시의 선입견이 만연한 가운데 미래 세대가 여전히 관심을 가질 만한 것을 예견하려면 정말 특별히 속속들이 파고들어야 한다.

몽테뉴의 삶에서 사랑은 별로 큰 부분을 차지하지 않은 것 같다. 오히려 관능이 더 큰 부분을 차지했다. 그는 별 열의 없이 대충 결혼했던 것 같다. 그럼에도 좋은 남편이긴 했지만, 말년에는 이렇게 썼다. "마땅히 그리고 전적으로 아내와 함께하는 것보다 남성이건 여성이건 성性을 깡그리 무시하고 피하는 것이 더 쉽다."(2권 33장) 그가 꼭 그렇게 했다는 뜻은 아니다. 몽테뉴는 여자를 더없이 낮게 평가했고, 쾌락의 대상으로 말고는 여자는 집안일이나 돌봐야 한다고 여겼다. 여자에 대해 언급한 『수상록』의 모든 부분을 다 눈여겨보았는데, 모욕적이지 않은 구절이 하나도 없었다.

그런데 말년에 그의 "양녀이자 부성애를 뛰어넘는 애정의 대상이며, 집과 외로움에 갇힌 내 존재의 최상의 일부"였던 마리 드 구르네만은 이런 엄격한 잣대에서 예외였다. 심지어 그는 "세상에서 그녀보다 더 높이 평가할 만한 건 없다"라고까지 했다. 그녀를 사랑하기 시작했을 때 그녀는 고작 스무 살이었고 몽테뉴는 쉰네 살이었다. 『수상록』의 저자라는 입장에서 보면 "더없이 놀라운 일"이었다.

본질상 오롯이 정신적인 사랑이었던 서로 간의 애착을 언급하지 않는다면 너무한 일일 것이다. 마리 드 구르네의 정성과 헌신 덕에 『수상록』 3권이라는 지극히 중요한 판본(1595년)이 나올 수 있었던 것이다. 몽테뉴가 죽고 3년 만에 출간된 이 책의 원고를 이 여성이 보존했으며, 이것이 훗날 가장 권위 있는 텍스트로 자리 잡게 되었다.

몽테뉴는 자신의 자녀에 관해서는 "어렸을 때 다 죽었다"고 형식적으로 말하고 지나간다(2권 8장). 딸 한 명만 "이런 불운을 피했다". 그런데 이 연이은 비극이 그에게 큰 영향을 준 것 같지는 않다.

몽테뉴는 타인과 공감하지 않을 수 없는 사람이었다. 특히 소박하고 보잘것없는 사람들과 말이다. "나는 내 안의 어떤 본질적인 연민을 통해 (⋯⋯) 더 불행한 사람들에게 (⋯⋯) 나 자신을 기꺼이 내주겠다."(3권 13장)

그러나 균형을 잡기 위해 그의 이성은 틀린 걸 당장 바로잡기를 요구했다. "나는 남의 괴로움을 보면 강한 애정과 따뜻한 연민이 든다. 만약 눈물을 흘릴 기회만 생긴다면 같이 있는 사람들을 위해 좀 더 쉽게 눈물을 흘릴 수 있어야 한다."(2권 11장) 라로슈푸코는 니체의 유명한 "강해지자"라는 말을 예견이나 한 듯 훗날 이런 말을 한다. "나는 연민을 잘 느끼지 못하는데, 잘 느낄 수 있었으면 좋겠다." 하지만 몽테뉴나 니체처럼 본래 마음이 따뜻한 사람이 한 이런 말은 내가 특별히 감동받은 선언이다.

몽테뉴의 연애사나 교우 관계에서 그의 작품에 흔적을 남긴 건 우정뿐이다. 그보다 세 살 위였던 에티엔드 라 보에시는 『자발적 복종』이라는 짧은 책을 한 권 썼는데, 그는 몽테뉴의 마음과 정신에 중요한 자리를 차지한 영감을 주었던 것 같다. 이 작은 책만으로 몽테뉴가 그런 것처럼 라 보에시를 "이 시대의 가장 위대한 인물"이라고 평가할 수야 없겠지만, 확실히 이 책은 나중에 『수상록』을 쓰게 될 몽테뉴가 특이하게도 너그럽고 고귀한 이 인물에게 느낀 애착의 정체가 무엇이었는지 아는 데 도움을 준다.

이 우정이 아름다웠음에도 불구하고 몽테뉴에게 족쇄가 되지는 않았는지, 『수상록』의 관능적인 저자 몽테뉴가 만약 라 보에시를 만나지 않았다면 어땠을지 그리고 무엇보다 라 보에시가 요절하지 않고(그는 서른세 살에 죽었다) 친구 몽테뉴에게 계속 영향을 끼쳤더라면 『수상록』은 어떻게 되었을지 궁금하지 않을 수 없다. 우리의 위대한 비평가 생트뵈브는 젊은 플리니우스의 매우 멋진 말을 인용한다. "나는 내 생의 증인을 잃었다. 이제부터 더욱 부주의하게 살게 될까 겁난다." 이 '부주의하게'야말로 우리가 그토록 좋아하는 몽테뉴의 일면이다.

라 보에시가 본 몽테뉴는 고대인처럼 몸에 천을 둘둘 감아 입고 있었다. 이 점에서도 몽테뉴는 어느 때보다 성실했다. 왜냐하면 그는 영웅주의를 엄청나게 좋아했으니까. 하지만 인위적인 사람은 좋아하지 않았고, 갈수록 더 안 좋아했다. 그리고 나이가 들수록 마음이 더 편협해지면 어쩌나 점점 더 두려워하게 되었다.

라 보에시는 몽테뉴에게 바친 한 편의 라틴어 시에서 말한다. "그대는 좀 더 싸워야 한다. 그대, 우리의 친구여, 두드러진 악덕과 미덕 모두에 경도되어 있음을 우리가 아는 친구여." 몽테뉴는 라 보에시가 죽자 싸움에서도 점점 후퇴했고, 철학에서도 타고난 성향에 대해 그런 만큼 발을 뺐다.

도덕과 재산과 관습과 그가 편견에 비유하는 것에

부합하게 인위적으로, 힘들여, 호전적으로 얻어 낸 인간성—아니 차라리 비인간성—을 몽테뉴는 가장 싫어했다. 마치 이 모든 걸리적거리고 은폐하거나 왜곡하는 참된 자아가 몽테뉴의 눈으로 보면 일종의 신비한 가치를 지니고 있고, 그는 그 참된 자아에게서 어떤 놀라운 계시라도 기대하는 것 같았다.

물론 나는 여기서 말장난이나 하고 몽테뉴의 가르침에서 오직 자연에 기대고 맹목적으로 본능만 따르며 가장 사악한 것을 우선시하라는 조언만을 보는 것이 얼마나 쉬운지 이해한다. 가장 사악한 것이 언제나 가장 진실하게, 그러니까 가장 자연스럽게 보이는 법이다. 그런 것은 매우 밀도가 높고 두터워서 가장 고귀한 열정이 뒤흔들 때조차 변함없이 받아들이는 이의 마음 밑바닥에서 발견된다. 하지만 나는 이것이 몽테뉴에 대한 매우 그릇된 해석이라고 생각한다. 몽테뉴는 비록 겉으론 인간이나 동물이나 마찬가지인 본능을 너무 너그럽게 허용하는 듯하지만, 거기서 뛰어올라 부상하는 법을 알고 스스로를 절대 본능의 노예나 피해자가 되도록 내버려 두지 않는다.

이런 생각을 갖고 있던 몽테뉴가 후회하고 회개할 마음이 거의 없었던 건 당연한 일이다. "난 처음 책을 출간한 뒤로 여덟 살이나 더 나이를 먹었다"라고 그는 1588년에 쓴다. "하지만 손톱만치라도 이 책을 수정해야 할지 의심이 든다."(3권 9장) 그리고 덧붙인다. "책 속의 무질서와 과잉에 나 자신도 연루돼 있다는 걸 알고 그 가치에 따라 난 그걸 단죄했다. 하지만 그게 다다."(2권 11장) 이런 선언은 『수상록』 마지막 부분에 보면 숱하게 나온다. 그리고 나중에 그는 또 덧붙이는데, 어떤 사람들은 이 추가된 글에 크게 분개한다. "내가 다시 산대도 여태 살아온 것처럼 살 것이다. 난 지나간 일을 한탄하지도, 앞으로 올 일을 두려워하지도 않는다."(3권 2장)

이런 선언은 분명 그리스도교적인 것이 아니다. 몽테뉴는 그리스도교 정신에 대해 늘 가장 야릇하고 (때로는 거의 짓궂게) 무례한 방식으로 말한다. 그는 종교라는 주제를 다룰 때가 많지만 그리스도 얘기는 안 한다. 한 번도 그리스도의 말을 인용한 적이 없다. 그래서 누군가는 그가 과연 한 번이라도 복음서를 읽은 적이 있는지 의심한다. 아니 오히려 어떤 이는 그가 복음서를 결코 진지하게 읽은 적이 없다고 확신한다. 가톨릭 신앙에 대한 존중으로 말하자면, 그는 명백히 신중한 태도를 보인다(1572년에 프랑스 왕국 전역에서 구교도가 신교도를 죽인 성바돌로매 축일의 학살을 기억해야 한다).

1536년 에라스뮈스*의 사례는 몽테뉴에게 경고가 되었다. 그리고 에라스뮈스가 「철회문」을 써야만 한다는 데 전혀 불안감을 느끼지 않았다는 사실을 이해하기는 쉽다. 실제로 에라스뮈스는 그 글을 쓰지 않았지만, 꼭 쓰겠다고 교회에 약속해야 했다. 이런 유의 약속조차 성가신 일이다. 차라리 약삭빠른 편이 훨씬 낫다.

『수상록』 1582년 판본과 1595년 판본에는 「기도에 대하여」라는 장에 화해와 관련된 글이 많이 추가되었다. 1581년에 이탈리아를 여행하면서 몽테뉴는 자기 책을 교황 그레고리우스 13세—지금 사용되는 그레고리우스력의 창시자—에게 선물했다. 교황은 고맙다고 했지만 약간의 의구심을 표했고, 몽테뉴는 이를 고려해 나중에 『수상록』에 몇 구절을 추가했다. 추가한 구절과 또 다른 구절에서 몽테뉴는 과도하게 여러 번 반복해 자신은 완벽하게 정통 신앙을 따르며 교회에 복

---

* 로테르담의 에라스뮈스로 알려진 네덜란드의 철학자이자 기독교 신학자. 르네상스 시기 가장 위대한 학자 가운데 한 명으로 평가받는 그는 1536년에 갑자기 죽었다.

종한다는 점을 강조한다.

지극히 융통성이 있었던 이 시대에 교회는 정말로 자기 정체를 보여 주었다. 교회가 르네상스 시대의 문화적 발전과 좋은 관계를 유지하기에 이른 것이다. 에라스뮈스는 무신론자로 찍혀 그의 책이 파리에서 판매 금지되었음에도 추기경 후보로 추대되었다. 마키아벨리의 저서는 비종교적 성격이 매우 강했지만 교황 클레멘스 7세가 허락하여 로마에서 출간되었다. 이처럼 교회 측에서 관용과 융통성을 보이자 종교개혁의 위대한 지도자들도 이에 부응했다.

몽테뉴는 가톨릭과는 화해에 이르렀지만 개신교와는 그렇지 않았다. 종교가 겉모습에 만족하기만 한다면 그는 종교를 받아들였다. 몽테뉴가 귀족에 대해 쓴 글은 그의 마음속에서 고위 성직자에게도 그대로 적용되었다. "마음의 성향과 굴종을 제외한 모든 성향과 굴종은 당연히 있어야 한다. 내 이성은 어디에도 굽히거나 굴종하도록 형성되지 않았다. 내 무릎만 그렇다."(3권 8장)

더 나아가 『수상록』을 지키기 위해 몽테뉴는 신실한 그리스도교도의 마음에 경계심을 일으킬 법한 부분에 매우 안심시키는 구절을 집어넣어야 한다고 느꼈는데, 그런 구절은 거의 그가 쓴 것 같지가 않다. "다행히도 죽음이 없는 또 다른 생의 이 유일한 목표를 보면, 우리가 이 생의 쾌락과 편의를 버릴 만도 하다."(1권 39장) 이런 구절(원고 상태로만 남아 있다 몽테뉴 사후에야 출간된) 그리고 이와 비슷한 다른 구절은 나중에야 『수상록』에 들어간 것 같다. 그 많은 번개를 끌어들이는 피뢰침처럼. 좀 더 나은 예를 들자면, 다 마시고 난 위스키 병에 붙이는 레모네이드나 진저에일 상표처럼. 사실 번개를 유도하는 몇 줄 뒤에 몽테뉴는 이렇게 쓴다. "우리는 금생의 쾌락을 누리는 것을 필사적으로 억눌러야 한다. 세월이 그런 쾌락을 잇따라 앗아 갈 테니까."

초판에 나오는 이 구절은 추가된 구절이 숨기고자 했으나 숨기지 못한 부분인데, "모든 위조에 불구대천의 적"(1권 40장)이었던 몽테뉴의 진면목을 보여 준다. 만약 몽테뉴의 글을 온전하게 읽도록 하기 위해 이럴 필요가 있다고 생각하지 않았다면, 나는 이런 조심스러운 발뺌에 분개했을 것이다.

생트뵈브가 몽테뉴에 대해 한 이 말은 맞다. "그

는 한 번도 진심으로 그리스도를 믿었던 적이 없었다는 것만 제외하면, 겉으론 매우 독실한 가톨릭 신자로 보였을지 모른다." 그러니까 우리는 몽테뉴가 율리아누스 황제에 대해 한 말을 그에게 할 수도 있을 것이다. "종교 면에서 보자면 그는 모든 면에서 사악했다. 그의 별명은 '배교자'였다. 왜냐하면 우리의 종교를 저버렸으니까. 그렇지만 그는 가톨릭 교리를 마음 깊이 새긴 적이 없고, 법에 복종하기 위해 제국을 손에 넣을 때까지 종교를 믿는 척한 것이라는 의견이 더 그럴듯해 보인다."(3권 19장) 나중에 교황 마르켈리누스를 인용하며 다시 율리아누스에 대해 이런 말을 한다. "그는 마음속에 이교를 품고 있었지만 자신의 추종자가 모두 그리스도교도였기 때문에 감히 그것을 드러낼 엄두를 못 내었다."(3권 19장)

그가 가톨릭 신앙에서 좋아한 것, 감탄하고 칭송한 것은 그 질서 정연함과 고풍스러움이었다. "당시 프랑스를 내전으로 망쳤던 이 논쟁에서 최선이자 가장 안전한 쪽은 분명 이 오래된 종교와 이 나라의 정책을 지지하는 쪽이다"라고 그는 말한다(2권 19장). 왜냐하면 "모든 격변과 큰 변화는 한 나라를 무질서하게 만들고 병들게 하며 심하게 뒤흔들기" 때문이다. 그리고 "더없이 오래되고 잘 알려진 악행이 새롭고 경험 없는 악행보다는 훨씬 더 견딜 만하다."(3권 9장) 몽테뉴가 복음서에 무지했다는 사실과 개신교 개혁가를 혐오했다는 사실은 다른 설명을 찾을 필요조차 없이 확실하다. 그는 교회가 떠받드는 종교—프랑스의 국교인 가톨릭—를 있는 그대로 유지하길 원했는데, 그 종교가 유일하게 좋은 종교라고 생각해서가 아니라 다른 종교로 바꾸면 안 좋을 거라고 생각했기 때문이다.

마찬가지로 우리는 몽테뉴의 전 생애와 글을 통해 그가 질서와 절도를 언제나 선호했음을, 공공선을 염두에 두었음을, 자신의 개인적 관심이 모두의 관심을 압도하게 놔두지 않았음을 느낀다. 하지만 그는 자신의 판단이 정직하다고 그리고 그 정직함을 지키는 것이 다른 어떤 고려 사항보다 더 가치 있고 상위에 존재해야 한다고 믿는다. "내 믿음과 양심을 억지로 그들 손에 맡기느니, 차라리 모든 사업이 파산하는 게 낫다."(2권 17장) 그가 좀 과장해서 떠벌리는 건 아닌지 자문하느니, 차라리 이 문장의 진실성을 믿겠다.

굴곡이 많았던 몽테뉴의 시대에 양심의 진실성을 수호하고 독립과 자율을 대중의 굴종 본능과 비겁한 수용보다 더 지지하는 사람이 있어야 한다는 사실이 중요했던 만큼이나 오늘날 이 말은 중요하다. "모든 보편적 판단은 약하고 느슨하고 위험하다."(3권 8장) 혹은 다시 말하자면 "명령과 규율에 따라 움직이는 것만큼 약하고 어리석은 삶은 없다"(3권 13장). 『수상록』에는 이런 구절이 많이 나온다. 이런 구절이 내게는 특히 요즘 더없이 중요해 보이기에 한 구절만 더 인용하고자 한다. "연합하여 만들어진 국가에는 배신하고 거짓말하는 사람이 일부 있기 마련이다." (그리고 아뿔싸! 훗날 몽테뉴는 이 말을 덧붙이지 않을 수 없었다.) "또 학살을 자행하는 사람도 있다. 안 그래도 고분고분하고 순종적인 국민에게 이것저것 시키는 우리는 말할 것도 없다."(3권 1장)

그가 판사를 그만뒀을 때나 그 이후에 오로지 혼자만의 시간을 갖기 위해 보르도 시장직을 사임했을 때도 이는 『수상록』 집필이 국가에 그리고 덧붙이자면 인류에 기여할 수 있는 가장 위대한 봉사라고 판단했기 때문이며, 이 판단은 아주 옳았다.

몽테뉴에게는 국가보다 인류라는 관념이 훨씬 우위를 차지했던 것으로 보인다. 그는 프랑스, 그러니까 파리에 "프랑스의 영광이며 전 세계에서 가장 고귀하고 주요한 장식물"이라는 놀라운 찬사—"이 도시의 결점과 흠집까지 소중할 정도로 파리가 너무도 애틋하다"(3권 9장)—를 보낸 다음 자기가 품은 인류애가 그보다 더욱 크다는 말도 잊지 않는다. "나는 모든 사람을 우리 나라 사람처럼 생각한다. 그리고 이런 자연스러운 연대보다 보편적이고 평범한 연대를 앞세우며 폴란드 사람도 프랑스 사람처럼 친근하게 껴안는다."(3권 9장) 그리고 덧붙인다. "단지 스스로 얻은 우정은 날씨 얘기를 나누거나 가까운 혈연관계로 맺어진 우정을 넘어서기 마련이다. 자연은 우리를 자유롭고 속박되지 않은 세상에 살게 했다. 바보같이 세상의 다른 모든 물을 마실 법적 권리를 일체 단념하고 그들의 영토에 있는 초아스페스 강물만 마시기로 한 뒤 그 강만 남기고 세상의 다른 강을 다 말려 버린 페르시아 왕들처럼 우리는 일부 해협에 스스로를 가둔다."(3권 9장)

우리 각자는 불가피하다.

우리 각자는 무한하다. 우리 각자는 지구에 대한 권리가 있다.

월트 휘트먼의 말이다(아! 몽테뉴가 이 말을 들었다면 얼마나 기뻐했을까! 사람이라는 주제에 대해 전혀 부끄럼 없이 영혼과 육체를 대립시키지 않고 육체가 당연히 누릴 수 있는 건강한 쾌락을 주장한 몽테뉴. 휘트먼이 점잖지는 못하지만 훌륭하게 육체의 아름다움과 건강한 기쁨을 노래하는 걸 들었다면 그가 얼마나 좋아했을까!)

몽테뉴 얘기를 하자면 끝이 없다. 그는 무질서하고 아무 체계도 없이 만사에 대해 얘기하기 때문에, 『수상록』에서 그가 무엇을 좋아하는지 찾아낼 수 있는 사람은 아무도 없다. 어떤 사람은 옆에 두기만 하고 읽지는 않을 법한 그 책에서 말이다.

자칫 왜곡했다가는 저자를 배반했다는 비난을 받게 되기가 몽테뉴보다 더 쉬운 작가도 없다. 왜냐하면 몽테뉴 자신이 본보기를 보이며 끊임없이 모순되는 말을 하면서 자신을 배반하기 때문이다. "참으로(그리고 이걸 인정하지 않기가 난 두렵다) 나는 쉽사리 미카엘 대천사에게 촛불 하나를 갖다 주고 그의 용에게 다른 촛불을 갖다 줄 수 있을 것 같다."(3권 1장) 이는 미카엘보다 미카엘과 함께 다니는 용의 마음에 들려는 짓임을 인정해야 할 것이다.

몽테뉴는 정말이지 열렬한 지지자에게 사랑받지도 못하고 분명히 그들을 사랑하지도 않는다. 그래서 어쨌든 가장 비통한 파벌로 인해 둘로 찢긴 프랑스에서 사후에 그리 인기를 누리지 못했다. 1595년(몽테뉴는 1592년에 죽었다)부터 1635년까지『수상록』은 서너 번밖에 재판再版이 나오지 않았다. 프랑스에서 몽테뉴가 비호감이거나 별로 인기가 없었던 시기에 이탈리아, 스페인, 특히 영국 같은 외국에서는 인기가 높았다.

베이컨의『수상록』과 셰익스피어의 희곡을 보면 몽테뉴의 영향을 받은 흔적이 여지없이 드러나 있다. 영국박물관에는 플로리오가 영어로 번역한 몽테뉴의『수상록』이 전시되어 있다. 여기엔『햄릿』저자의 드문 서명이 적혀 있다. 특히 영국 평론가들은『햄릿』에서 몽테뉴 철학의 흔적을 찾아냈다. 셰익스피어의 희곡『템페스트』2막에서 곤잘로는 이렇게 말한다.

내가 만약 이 섬에 농장을 갖고 있다면……

그리고 왕이라면 무엇을 할까?

연방 국가에서 나는 오히려 정반대로 만사를

처리하리라.

어떠한 상거래도 허용하지 않으리라.

관리의 이름도, 글자도 알려 주지 않으리라.

빈부도, 고용도 허용치 않으리.

계약, 상속, 경계, 토지 경계선, 경작지, 포도밭,

아무것도.

직업도 없애고, 모든 남자는 빈둥거리고,

여자 또한 그러리라. 하지만 무구하고 순수하게.

왕권도 갖지 않으리라. (……)

일체의 공동 물품은 땀도 노력도 없이 자연이 제공해

주리라.

배신도, 중죄도, 검도, 창도, 칼도, 총도, 어떤 동력

장치도 필요 없으리라.

자연이 저절로 풍성한 산물을 내어

나의 무구한 백성을 먹여 살리리.

이 구절은 실제로 『수상록』의 한 장에서 번역되었거나 아니면 어쨌든 큰 영감을 받았는데, 다음에 이어지는 글에서 그 장을 발췌한 내용을 볼 수 있다. 몽테뉴가 여기서 '식인종'—이 장의 제목이기도 하다—에 대해 말한 모든 내용이 특히 미국인의 관심을 끈 게 분명하다. 당시 막 발견되었고 유럽이 황홀한 시선으로 바라보던 신세계를 주제로 삼았기 때문이다.

무수한 환상이 쌓여 이 먼 나라들의 위광이 형성된다는 것은 그리 중요치 않았다. 신대륙이 발견되고 200년 후에 몽테뉴는 신세계 주민과 그들의 예법과 관습의 순수함을 꼭 디드로처럼 묘사하고, 구세계 사람들이 부끄러워할 만큼 타히티 사람들의 예법을 그리며 기쁨을 느낀다. 행복한 사람의 유일한 예에서 전 인류가 어떤 가르침과 지침을 받을 수 있는가는 신세계 사람도 구세계 사람도 다 안다.

그리스도교 정신에서 벗어나 멀리 떠돌던 몽테뉴는 후세에 나타날 괴테와 가깝다. "나로 말하자면, 하느님이 우리에게 허용하는 것을 마음에 들어 하신 대로 사랑하고 정성껏 가꾼다. (……) 자연은 온순한 안내자이지만, 그저 온순하기보다는 신중하고 공정하다."(3권 13장) 괴테라면 분명히 『수상록』의 거의 마지막 부분에 나오는 이 문장을 기쁘게 받아들였을 것이다.

이 부분은 몽테뉴의 지혜가 마지막으로 활짝 피어난 것이다. 한마디도 쓸모없는 말이 없다. 이제 매우 주의 깊게도 그는 삶을 사랑한다는 선언에 신중, 공정, 문화라는 개념을 덧붙인 것이다!

특히 몽테뉴가 우리에게 가르쳐 준 것은 훨씬 나중에야 '자유주의'라 불리게 된다. 정치적·종교적 확신 때문에 이토록 비참하게 모든 사람이 갈라지고 반목하는 지금 이 시대에 몽테뉴에게서 끌어낼 수 있는 가장 현명한 교훈은 이것이라고 난 생각한다. "현재 우리 나라의 내분 상태에서 내 관심사를 그대로 유지하면서도 나는 적의 칭찬할 만한 특질에도, 내가 따르는 편의 비난할 만한 특질에도 눈감지 않도록 유념한다."(3권 10장)

그는 나중에 덧붙인다. "훌륭한 연사는 나에게 반대하는 연설을 한다 하여 품위를 잃지 않는다." 이 감탄스러운 글을 더 읽어 보면 이런 말이 나온다. "그들은 (……) 우리의 신념과 판단이 진실에 기여하는 것이 아니라 욕망의 기획에 기여하기를 바란다. 나는 차라리 다른 쪽 극단으로 향해야 하리라. 그만큼 내 욕망에 사로잡힐까 두렵다. 덧붙여 내가 바라는 것에 대해서는 약간이라도 일단 의심을 해 본다."(3권 10장) 마음과 영혼의 이러한 특질은 일반적으로 그런 것이 가장 무시되는 이 시대에 가장 필요하고 가장 도움이 될 것이다.

이 드물고 비범한 성향—몽테뉴는 다른 사람의 의견을 들을 때나 혹은 남이 자기 의견보다 우세하다고 지적하며 지지할 때조차 종종 이 성향을 이야기한다—덕분에 그는 길을 따라 아주 멀리까지, 훗날 니체의 영역이 될 곳까지 모험을 하지는 않는다. 그는 타고난 신중함으로 안전장치를 멀리하듯 미지의 곳도 멀리한다. 그는 떠나기를 매우 꺼린다. 사막과 공기가 희박한 지역도 피한다. 하지만 한자리에 가만있지 못하는 그의 호기심이 원동력이 되어, 사고의 영역에서 그는 습관적으로 여행할 때처럼 행동한다.

그와 동행했던 비서는 매일 일기를 썼다. "몽테뉴가 여행길에서보다 덜 피곤해하는 걸 본 적이 없고, 힘들다고 불평하는 소리를 적게 들은 적도 없다(몽테뉴는 이 당시 신장결석을 앓고 있었는데, 그럼에도 하루에 몇 시간씩 말을 타곤 했다). 그의 마음은 길에서나 휴게소에서나 한결같았고, 어떤 만남이든 열정적으로 받아들이고 외국인과 대화할 기회를 찾았다. 그래서 나는 그렇게 하면 신장결석의 통증이 해소되는 줄만 알았다." 비서는 몽테뉴가 "아무 계획도 없이 미지의 장소를 미리 거닐어 보는 것으로 만족했다"고 단언했고, 더 나아가 "여행하는 것이 너무 좋아서 쉬어야 하는 장소 근처에 가는 것조차 싫어했다"고도 썼다. 게다가 몽테뉴는 "잠 못 이루는 밤을 보내고도 아침에 새로 방문할 도시나 나라가 떠오르면 벌떡 일어나곤 한다고 버릇처럼 말했다".

　　몽테뉴 자신은 『수상록』에서 이렇게 말한다. "글자 그대로 받아들이면 여행의 즐거움은 불안과 망설임의 증거이기도 하다는 걸 나는 잘 안다. 사실 이것은 우리를 지배하는 주된 기질이다. 그렇다, 솔직히 고백한다. 나는 꿈이나 희망밖에 붙잡을 것이 없다. 적어도 내가 뭔가에 만족한다면, 다양성과 다양함을 소유하는 것뿐이다."(3권 9장)

　　몽테뉴는 쉰 살 가까이 되었을 때 남부 독일과 이

탈리아로 생애 첫 여행이자 긴 여행을 떠난다. 이 여행
은 17개월 동안 계속되었는데, 여행 중에 뜻하지 않게
보르도 시장으로 선출되어 갑자기 프랑스로 돌아와야
하지 않았다면 그가 이 여행에서 느낀 지극한 즐거움
을 감안할 때 여행이 더 길어졌을 가능성도 크다. 이때
부터 그는 급히 여행길에 오르게 만들었던 고상한 호
기심을 사상 쪽으로 돌렸다.

죽음에 대한 그의 태도 변화를 연이어 출간된 『수
상록』 판본을 따라가며 살펴보는 것은 매우 유익한 일
이다. 그는 『수상록』 1권에서 한 장의 제목을 '철학을
하는 것은 죽는 법을 배우는 것'이라고 붙였다. 여기에
이런 구절이 나온다. "내 일생에서 가장 방탕한 시기에
죽음을 상상하는 것보다 더 재미있는 건 없다."(1권 20
장) 그는 이 상상이 버릇이 되면 죽음에 대한 공포가 줄
어든다고 생각했던 것이다.

하지만 마지막 판본을 보면 그는 이런 말을 하기
에 이른다. "지금 나는 하느님의 자비로 (……) 언제든
신이 나를 부르면 던져 버릴 준비가 된 세속적인 문제
에 대해 어떠한 회한도 슬픔도 없다. 나는 어디에 있든

자유롭다. 나는 곧 나 자신을 제외한 모든 친구에게 작별 인사를 할 것이다. 이보다 더 단순하고 충만하게 세상을 떠날 준비를 한 사람은 없고, 내가 그러리라 확신하는 것보다 더 보편적으로 세상에 대한 모든 생각을 내려놓은 사람도 없다. (……) 죽음 때문에 내 마음속에 어떤 새로운 것이 싹틀 리도 없다."(1권 20장) 몽테뉴는 자연스러운 모든 것을 좋아했듯 죽음도 거의 사랑하게 된 것이다.

몽테뉴는 매우 그리스도교도다운 종말을 맞았다고들 한다. 우리는 그가 절대로 그리스도교도답게 죽은 것은 아니라는 사실만 말할 수 있다. 몽테뉴의 마지막 순간을 아내와 딸이 지켰던 것은 사실이지만, 종종 그러하듯 그들이 공감하는 마음으로 그를 죽음으로 유도했던 것 같지는 않다. "죽음이 그 자체로 고요하고 고독하고", 그가 "만족"하긴 했지만 그 자신이 실제보다 더 경건하게 받아들였을 "은퇴자의 사생활을 편하게 해 줄 그만의 요소를 결합한" 것만은 아니었다. 이런 것을 예감하고 몽테뉴는 이렇게 쓴 걸까? "나보고 고르라 한다면 침대보다는 집에서 멀리 떨어진, 친구들과도 멀리 떨어진 곳에서 말 등에 앉은 채 죽는 게 낫

다고 생각한다."(제3권 9장)

혹시 내가 몽테뉴의 생각을 지나치게 날카롭게 해석했다는 비난을 받는다면 나의 대답은 이거다. 수많은 몽테뉴 해설가는 몽테뉴의 생각을 둔화시키기에 바빴다. 나는 그들이 씌웠던 포장을 벗겨 내고, 때로 『수상록』을 술술 읽고 그 내용에 감동받는 데 방해가 되는 충전재를 걷어 냈을 뿐이다. 교육학자들은 대담하면서도 고전의 반열에 오른 저자를 대면하면 어떻게 비공격적으로 만들까 엄청나게 골몰한다. 그리고 나는 여러 해에 걸쳐 쓴 작품이 이런 일에 너무나 자연스럽게 기여해야 한다는 사실이 아리송하게 보일 때가 많다. 조금 지나면 새로운 생각의 모서리가 닳고 닳아 너덜너덜해진 것처럼 보이고, 우리는 점점 그런 생각에 익숙해져 모욕을 두려워하지 않고 그런 것을 다루게 된다.

몽테뉴는 이탈리아를 여행하면서 고대 로마의 거대한 폐허에 반쯤 묻힌 높은 건축물을 보고 깜짝 놀랄 때가 많았다. 건축물은 꼭대기가 가장 먼저 무너졌고,

그 파편이 흩어져 주변 땅을 차츰 돋우었다. 우리 시대에 그렇게 높이 솟은 건물이 없는 것 같다면, 우리가 그 건물과 충분한 거리를 두고 서 있지 않기 때문이다.

앙드레 지드

스스로를 아는 일

앙드레 지드가 가려 뽑은 『수상록』의 핵심

좋은 책의 요약본은 바보 같은 요약본이다.

—『수상록』 3권 8장

독자여, 여기 거짓 없이 진실되게 쓴 책이 있다. 미리
말해 두지만, 난 사소한 일상과 개인사만 여기에 썼다.
이 책은 독자에게 이득을 주거나 나의 명예를 드높일
작정으로 쓴 책이 결단코 아니다. 나는 그런 구상을 할
여력이 없다. 특히 내 부모님과 친구들이 편하게 읽길
바라며 이 책을 썼다. 나를 잃고 나서(언젠가는 나를 잃
을 테니까) 그들이 이 책에서 내 행동이나 기질의 어떤
특징을 발견함으로써 나에 대해 알고 있던 것을 더욱
온전하고 생생하게 느낄 수 있었으면 한다. 만약 세상
의 찬사를 받기 위해 이 책을 쓴 거라면, 좀 더 잘 꾸미
고 시장을 잘 살펴서 선보였을 것이다. 독자들이 여기
서 단순하고 평이하고 논란의 여지 없고 꾸밈없는 내
모습을 보길 바란다. 여기서 내가 그리는 것은 나 자신
이기 때문이다. 독자는 내 결점을 생생히 읽을 수 있을
것이다. 그리고 타고난 나의 성정도 외람되지 않은 선
에서 그대로 드러냈다. 아직도 태초의 법칙을 따르면
서 달콤한 자유를 누리는 사람들 사이에서 내가 살고

있었다면 기꺼이 나 자신을 가감 없이 홀딱 벗은 모습으로 그렸으리라.

그러니 독자여, 나 자신이 이 책의 소재다. 당신이 남는 시간을 이렇게 하찮고 쓸데없는 주제에 낭비하는 것은 이성적인 행동이 아니다. 그러면 안녕히 계시길 바란다.

1580년 3월 1일 몽테뉴

○ **몽테뉴가 『수상록』을 쓴 이유**

요즘 나는 은퇴해서 가능한 한 집에 들어앉아 시간을 보내며 남은 생에 전념하는 것 말고는 아무 일에도 관여하지 않으려 한다. 내가 정신에 베풀 수 있는 최선의 호의는 정신을 한껏 게으르게 내버려 두어 스스로 자신을 유지하게 하고 활동을 멈추게 하고 차분히 가라앉히는 것이다. 세월이 가면서 더 묵직해지고 성숙해진 내 정신이 이제 더 수월하게 활동하길 바란다. 하지만 반대로 경박하게 굴면 정신은 남이 아니라 자신에게 훨씬 많은 일거리를 주며, 첩첩이 겹친 숱한 미망과 환상 속의 괴물을 낳는다. 이런 일은 질서도 없고 뜬금도 없어, 그 무기력하고 기괴한 상황을 맘껏 들여다보고 또 언젠가는 정신이 이런 것을 창피하게 여기기를 바라며 글을 쓰기 시작했다.

[1권 8장 「게으름에 관하여」]

우리 생애의 끝은 죽음이다. 그것은 우리 목표의 필연
적인 대상이다. 죽음이 두렵다면 어찌 한 발이라도 내
딛을 때 열이 나지 않을 수 있겠는가? 보통 사람의 비
법은 아예 죽음을 생각하지 않는 것이다. 하지만 그렇
게 죽음에 눈을 질끈 감아 버리는 것은 얼마나 난폭하
고 어리석은 짓인가?

하지만 죽음이 그런 식으로 올 거라고 생각하는
건 미친 짓이다. 사람들은 왔다 갔다 하고 춤도 추지만,
죽음에 대해서는 아무 말도 안 한다. 그 모든 것은 매우
훌륭하다. 하지만 죽음이 그들에게, 그들의 아내에게,
아이들에게, 친구에게 속절없이 갑자기 닥치면 얼마
나 괴로워하며 크게 소리 지르고 미친 듯 날뛰며 큰 절
망에 짓눌리는가? 사람이 이토록 풀이 죽고 돌변하고
혼란스러워하는 것을 본 적이 있는가? 인간은 일찌감
치 죽음에 대비해야 한다. 분별 있는 사람의 정신에 짐
승 같은 부주의가 자리 잡았을 땐(분별과 부주의가 함
께할 수는 없다고 생각되지만) 너무 대가가 크다. 이것

이 피할 수 있는 적이라면 차라리 비겁함이라는 무기를 들라고 조언하련다. 하지만 그럴 수는 없는지라 겁쟁이거나 도망자 또는 정직한 사람인 당신에게 죽음은 불시에 닥치기 마련이니 (……) 그리고 어떤 갑옷으로도 방어하지 못할 테니 (……) 차라리 결연히 죽음에 맞서 싸워 무찌르는 법을 배우자. (……) 자연 자체가 우리에게 손을 내밀고 용기를 준다. 만약 짧고 격렬한 죽음이라면 두려워할 틈이 없고, 아니라면 내 병이 깊어질수록 점점 자연스레 삶을 경시하게 된다. 건강할 때보다 열이 나서 괴로울 때 죽겠다는 결심을 더욱 잘 소화해야 한다고 생각한다.

삶의 여러 편리한 점에 나는 더 이상 크게 집착하지 않기에, 그래서 삶의 관행과 쾌락에 대한 집착을 잃기 시작했기에 죽음을 훨씬 덜 무서워하게 되었다. 그래서 나는 삶에서 멀어질수록 점점 더 죽음에 가까워지길 바란다. 그러면 더욱 쉽게 삶과 죽음을 교환할 수 있으리라. 카이사르가 말한 바, 즉 사물이 가까이서보다 멀리서 볼 때 더 커 보이는 것처럼 다른 여러 경우에 경험해 본 만큼 병에 걸렸을 때보다 건강할 때 훨씬 더 병이 끔찍하게 느껴진다는 걸 알았다. 현재 나의 기쁨과 쾌락과 힘 때문에 이와 다른 상태가 여기 비하면 너무 불균형하게 보여, 상상 속에서 나는 이 불편함을 진짜 어깨를 짓누르는 고통보다 절반은 더 부풀리고 더 무겁게 받아들인다. 죽음도 이렇게 닥쳤으면 한다. (……)

그 무엇도 긴 호흡으로 혹은 적어도 끝없이 빠져들려는 의도를 갖고 구상해선 안 된다. 우리는 행동하기 위해 태어난 것이다. 나는 사람들이 할 수 있는 한 행동하고 살면서 하는 일을 더 늘렸으면 한다. 내가 양배추를 심을 때 죽음이 와도 아무렇지 않게 반응하고, 그 일을 미처 끝맺지 못한 것엔 더욱더 아무렇지 않게 반응했으면 좋겠다.

[1권 20장 「철학을 하는 것은 죽는 법을 배우는 것」]

우리는 양심의 법칙이 본성에서 나왔다고 말하지만 이
는 사실 관습에서 나온 것이다. 모든 사람이 속으론 공
인된 의견을 존중하고 관습을 받아들이기 때문에, 관
습을 따르지 않으면 반드시 후회하게 되고 열심히 따
르면 박수를 받게 된다. (······) 하지만 관습의 힘에서
나오는 가장 큰 효과는 우리를 휘어잡고 옭아매 벗어
날 생각을 못하게 하고, 우리 마음속에 들어와 이래라
저래라 한다는 점이다. 참으로 태어나면서부터 모유를
먹듯 관습이 몸에 배고 세상의 얼굴 자체가 첫눈에 드
러나기 때문에 우리는 마치 관습을 따른다는 조건으로
태어난 것 같다.

　　우리가 신뢰하고 조상이 씨를 뿌려 우리 영혼에 녹
아든 모두의 상상력은 일반적이며 자연스러운 듯하다.
따라서 우리는 관습의 범위를 벗어난 것은 이성의 범위
를 벗어난 것으로 여기며, 대부분 그것이 얼마나 비합
리적인지는 모른다. (······) 하지만 인간은 자신이 아니
라 보통 사람들에게 하는 말로 진실의 조언과 그 금언

을 받아들인다. 그리고 그것을 자신의 풍습이 아니라 아주 어리석고 쓸데없게도 자신의 기억에 적용한다.

관습의 지배로 돌아가 보자. 자기 마음대로 하게 끔 자유롭게 자라났기에 우리는 통치의 모든 다른 형태를 괴상하고 본성에 반한다고 여긴다. 왕정에 익숙한 사람도 그렇다. 그렇기에 운이 바뀌어 변화가 수월해지더라도, 엄청나게 어렵더라도 그들은 기껏 군주의 불운을 털어 버리고 달려가 똑같은 난점을 지닌 새 왕정을 대신 수립한다. 왜냐하면 그들은 지배받는 것을 도무지 싫어할 수가 없기 때문이다. 인간이 저마다 자연적으로 배정된 장소에서 만족하고 사는 것은 관습에 물들어 있기 때문이다. 야생적으로 사는 스코틀랜드 주민은 프랑스의 투렌 지방 주민과 전혀 다르다. 스키타이 주민이나 테살리아 주민도 전혀 다르다.

관습이 눈을 가린 탓에 우리는 사물의 진면목을 식별하지 못한다. (……) 관습이라는 지독한 편견에서 해방되고자 하는 사람은 관습의 흰 수염과 쭈글쭈글한 주름살밖에는 다른 근거가 없는, 확고하게 받아들여진 몇몇 사실을 발견하게 될 것이다. 하지만 이 가면을 벗기고 모든 문제를 진실과 이성에 비추어 보면, 판단이 흔들리더라도 훨씬 더 확고해졌음을 느낄 것이다.

이런 고려를 한다고 해서 분별 있는 사람이 공통의 방식을 따르지 못하는 건 아니다. 반대로 모든 특이하고 특별한 여러 방식은 어리석거나 야심만만한 가식보다는 진정한 이성에서 나오는 것 같다. 현명한 사람이라면 내적으로는 보통 사람과 멀어져 자유와 힘을 지니고 만사를 판단할 수 있어야 한다고, 하지만 외적으로는 절대적으로 용인된 방식과 모습을 따라야 한다고 나는 생각한다.

공공 사회는 우리의 생각대로 돌아갈 수밖에 없다. 하지만 그렇다 해도 우리의 행동이나 일이나 재산이나 삶 자체를 공공 사회에 도움이 되도록 또 공통된 여론에 맞도록 조절하고 버릴 것은 버려야 한다. 선하고 위대한 소크라테스가 판사에게, 그것도 아주 불공정하고 적대적인 판사에게 불복하여 목숨을 구하는 것을 거부했듯이 말이다. 왜냐하면 누구나 자기가 몸담은 곳의 법규를 지킨다는 것이 규칙 중의 규칙이며 법 중에도 누구나 받아들이는 법이기 때문이다.

[1권 23장 「관습에 대하여, 그리고

정해진 법칙을 쉽사리 바꿔선 안 된다는 것에 관하여」]

자식이 신체적으로 문제가 있다 해서 자기 자식이라고 인정하지 않는 아버지를 나는 본 적이 없다. 하지만 자식에 대한 애정에 눈이 먼 것이 아니라면 자식의 결함을 인식하지 못하지는 않았을 것이다. 그래도 그는 여전히 그의 자식이다. 그러니 내가 지금 하고 있는 것이 지식의 껍질만 맛보고 형체 없는 일반적인 모습만 간직한, 즉 사물의 일부분만 보고 전체를 보지 못한 사람의 몽상이라는 걸 난 누구보다 잘 안다. 왜냐하면 전체적으로 의학이 있고 법학이 있고 수학의 네 분야가 있고, 그것이 대충이라도 무엇을 목표로 하는지 아니까. 또 학문 일반이 우리 삶에 도움이 되기 위해 갖는 전망도 잘 안다. 하지만 이보다 더 멀리 나아간다든지 아리스토텔레스(우리 근대 교의의 제왕)를 열심히 파고들어 본다든지 어떤 학문을 집요하게 계속 탐구해 본 적은 솔직히 없다. 그런 것은 내 관심사가 아니며, 내가 초보 수준에서나마 부릴 수 있는 재주도 전혀 없다. 또 나는 중급 수준의 아이를 첫 수업에서 시험해 볼 지식도 없는 꼴이니, 나보다 더 유식하다고 말하지 못할 아이는 없을 것이다. 만약 첫 수업을 다시 점검해 보라는 강요를 받는다면 나는 보편적 명제의 소재를 거기서 끌어내 아이의 타고난 판단력을 검토해 보지 않을 수 없다. 그 수업이 나에게 아주 생소한 만큼 이런 학문도 그들에겐 생소할 것이다.

(······) 내 생각과 판단은 불확실하기만 하고, 나는 매번 더듬더듬 비틀비틀 달려 나갈 때마다 발을 헛딛는다. 할 수 있는 한 멀리 나아가도 내 자아는 만족을 모른다. 멀리 나아갈수록 그 너머의 땅이 보이고, 안개로 앞이 뿌옇고 구름이 잔뜩 끼어 뭐가 뭔지 알 수가 없다.

[1권 26장 「아동교육에 대하여」]

○   **가정교사 고르기**

귀족 부모에게서 태어나고 참된 배움을 지향하는 가풍
을 물려받았으며 자신을 위한 놀이나 편의 때문도, 외
부적 과시나 장식 때문도 아닌, 그저 학자보다는 유능
하고 충만한 사람이 되고자 하는 바람으로 내적인 마
음을 꾸미고 강화하는 아이에게. 내가 바라는 것은 이
런 아이의 부모나 후견인은 매우 용의주도하고 주의
깊게 가정교사를 골라야 한다는 것이다. 나는 가정교
사가 이런저런 생각으로 머리가 꽉 찬 사람이기보다는
머릿속이 잘 정돈되고 차분한 사람이었으면 한다. 물
론 양자 모두 필요하겠지만. 나는 한낱 지식보다는 지
혜, 판단력, 문명적 관습, 겸손한 행동 같은 것을 더 높
이 친다. 그리고 가정교사가 지금까지와는 다른 새로
운 방식으로 학생을 가르쳤으면 한다. 어떤 가정교사
는 (마치 큰 통에 물을 붓듯) 끊임없이 시끄럽게 들었
던 말만 우리 귀에 대고 되풀이한다. 나는 이런 부분을
고쳤으면 좋겠고, 처음부터 자기가 가르칠 제자의 자
질을 파악해 제자 스스로 이것저것 시도하게 해 주고

때로는 길을 열어 주고, 때론 제자가 직접 길을 열어 만물을 맛보고 선택하고 식별하도록 해 줬으면 좋겠다. 나는 가정교사가 혼자 창작하고 혼자 말하지 말고 제자의 말을 잘 들었으면 좋겠다. (……)

정말이지 상대가 스스로 뭐든 하지 못하게 자유를 막으면 상대를 더 비굴하고 겁쟁이로 만드는 셈이다. (……) 교제를 배우는 이 학교, 이 인간 사회에서 나는 종종 이런 악덕—남을 알려고 하진 않고 자신이 남에게 알려지는 데만 급급한—을 본다. 우리는 있는 상품을 사용하기보다 새 상품을 구하는 데만 신경을 쓴다. 침묵과 겸손은 문명적 대화에서 매우 유용한 특질이다. (……) 가정교사는 자기 명분을 선택하는 데 호기심을 갖고, 타당성을 선호하고, 결과적으로 간결성을 갖도록 배운 사람이어야 한다. 그러나 무엇보다도 굽힐 때 굽힐 줄 아는 법을 알려 줘야 한다. 그렇다, 진실 앞에서는 그것이 적으로부터 나왔건 자신의 좀 더 나은 조언에 기반했건, 그것이 진실임을 간파하자마자 무기를 버리도록 교육받아야 한다. 왜냐하면 (……) 나는 우리 시대의 이름난 두 무용수 팔루엘과 퐁페에게 제자리에서 벗어나지 않고 오직 보는 것만으로 우리에게 도약하는 법을 가르쳐 보라고 하고 싶기 때문이다. 마치 학자들이 실제로 이해력을 증진시키지 않고 그것을 가르치려 하듯이 말이다. 혹은 이들이 판단하고 말하는 훈련도 시키지 않고 대뜸 판단하고 말하게 가르치려 하듯이, 누구든 말馬이나 창이나 류트를 다루는 법이나 노래하는 법을 훈련 없이 가르쳐 보라고 하고 싶다. 그런데 이런 교육에서는 눈에 띄는 모든 것이 충분히 책의 역할을 한다. 시동의 꾀나 하인의 어리석은 행동이나 식사 때 나누는 농담이 다 새로운 소재인 것이다.

이 점에서 사람들 사이의 교제는 매우 유용하며, 외국을 여행하는 것도 마찬가지다. 이는 프랑스 귀족들이 그런 것처럼 산타로톤다 교회의 길이가 몇 자나 되는지, 리비아 부인의 부티 나는 바지가 얼마나 값이 나가는지, 또는 다른 사람들이 그런 것처럼 어떤 곳의 오래된 폐허에 남아 있는 네로의 얼굴이 다른 데서 나온 오래된 메달에 새겨진 것보다 얼마나 더 길거나 넓적한지 따위를 살펴보고 돌아오라는 뜻이 아니라 그 나라 사람들의 기질이나 삶의 방식을 배워 와서 다른 이들의 지식으로 우리 뇌를 닦고 연마하라는 뜻이다. 아주 어린 시절부터 여행을 시작하는 것이 좋으며, 무엇보다 일거양득으로 이웃 나라, 즉 언어가 우리 언어와 매우 달라 일찍부터 배우지 않으면 쉽게 습득되지 않는 나라를 가 봐야 한다고 생각한다. 더욱이 그러한 이유로 아이를 언제나 부모가 지켜보며 길러야 하는 건 아니라는 일반적인 의견을 받아들인다. 부모는 타고난 사랑 때문에 자식을 보면 마음이 너무 약해지고 느슨해진다. 그렇다 보니 마땅히 야단쳐야 할 때도 아이의 결점을 야단치지 못하고, 혹독하고 위험하게 훈육받는 것을 차마 눈 뜨고 보지 못한다.

제자의 마음을 강하게 단련하는 것만으로는 안 된다. 제자의 근육도 강화해 줘야 한다. 마음을 부차적인 것으로 소홀히 여기지만 않는다면 마음은 한꺼번에 두 가지 일을 해야 할 만큼 너무 바쁘다. 이렇게도 부드럽고 민감하고 강한 몸이 마음과 함께하면 얼마나 기분 좋은지 나는 안다.

(……) 철학이 깃든 마음은 응당 그 건전함으로 몸까지 튼튼하게 만들어야 한다. 마음의 만족감이 모든 외관에서 두루 빛나야 하고, 밖으로 드러나는 모든 처신이 그 모범대로 빚어져야 한다. 그리고 결과적으로 그런 처신을 우아하고 튼튼하게, 활기 있고 경쾌하게,

활동적이고 즐거운 몸짓으로 무장시켜야 한다. 지혜의 가장 분명한 상징이자 뚜렷한 표징은 지속적인 기쁨이다. 이는 항상 맑고 밝은 빛을 내며 떠 있는 달과 같은 상태다. (……) 철학의 목표는 오직 미덕뿐이다. 미덕은 학교에서 말하는 것처럼 높고 깎아지른 듯한, 도달할 수 없는 산꼭대기에 자리 잡고 있는 것이 아니다. 미덕에 이른 사람은 그와 반대로 그것이 꽃이 피고 아름답고 비옥한 들판에 있으며, 거기서 만물을 내려다본다고 여긴다. 하지만 그곳에 이르는 길만 안다면 천상의 궁륭이 그렇듯 선선하고 그늘지고 푸르고 쾌적하며 매끄럽게 경사진 길로 거기에 다다를 수 있다. 지고하고 아름답고 사랑스럽고 감미롭고 용감하며, 교활함과 불쾌함과 두려움과 강제의 타협할 길 없는 공공연한 적이며, 본성을 안내자로 삼고 운과 기쁨을 짝으로 둔 이 미덕을 빈번히 접하지 못했기에, 그들은 각자의 약점에 따라 서글프고 투덜거리고 심술궂고 위협적인 어리석은 모습을 미덕에 뒤집어씌워 저 멀리 떨어진 암벽에 올려놓고 사람들을 놀라게 하는 유령처럼 만들었던 것이다.

(……) 미덕은 부자가 되고 강해지고 현명해지는

길을 안다. 향기로운 침대에 눕는 법도 안다. 미덕은 삶을 사랑한다. 아름다움과 영광과 건강을 즐긴다. 하지만 미덕의 올바르고 특별한 사명은 그런 것을 어떻게 알맞게 쓰고 거듭해서 잃을지를 누구보다도 먼저 아는 것이다. (……) 그렇지만 내겐 이런 젊은이 특유의 답답증이 없을 것이며, 부주의하게 무심한 분통을 터뜨리거나 경솔한 교사로서 우울한 분위기를 조성하지는 않을 것이다. 나는 제자를 꽉 옭아매고 혹자가 그러듯 하루 종일 공부만 하는 사람처럼 하루에 열네댓 시간을 책만 파고드는 사람으로 만들어 싹트기 시작한 제자의 정신이 망가지게 두지 않을 것이다. 또한 제자가 고독하고 우울한 안색 때문에 과도하게 독서에 열중한다는 사실을 알았을 때 그런 정서를 북돋는 것도 옳다고 생각하지 않는다. 왜냐하면 그럴 경우 종종 그는 사교적인 대화에 적응하지 못하고 더 나은 직장에서 눈을 돌리게 될 테니까. 젊은 시절에 그처럼 지식에 대한 탐욕스러운 갈망으로 바보가 되어 버린 사람을 얼마나 많이 보았던가?

(……) 모든 스포츠와 훈련이 공부의 일환이 될 수 있다. 육상, 레슬링, 음악, 무용, 사냥, 무기와 말馬 다루

기. 학생의 외적 태도나 품위, 그의 사람됨을 마음과 함께 빚어 줄 것이다. 왜냐하면 우리가 형성해 주는 것은 마음도 몸도 아니라 바로 인간이며, 교사는 비단 제자의 몸과 마음만 빚어내는 것이 아니기 때문이다.

(……) 몸은 아직 유연하므로 마땅히 모든 유행과 관습에 부응해야 하며 (항상 식욕과 욕망을 통제할 수 있다면) 젊은이는 대담하게 모든 국가와 집단에 들어맞을 수 있어야 한다. 그렇다, 필요하다면 모든 무질서와 고통도 맛보아야 한다. 그가 모든 유행에 친숙해지게 하라. 그러면 무슨 일이든 할 수 있고 칭찬받을 일만 하려 들 것이다. (……)

아직 연약하고 겁이 많고 한껏 찡그린 표정에 양손엔 막대기만 잔뜩 든 아이의 마음을 살살 꼬드겨 책을 읽게 하려는 사람이 얼마나 많은가? (……) 핏빛 잔가지가 돋은 나무보다 초록색 가지에 꽃이 만발한 나무로 뒤덮인 그들의 학교 건물과 교정을 보려 하는 품위 있는 사람이 얼마나 많은가? 내 마음속에 그런 생각이 있다면, 나는 철학자 스페우시포스처럼 하겠다. 그는 환희와 기쁨을 표현한 꽃의 여신 플로라와 미美의 여신 그라티아이의 그림으로 학교 건물 주변을 꾸

몄다. 아이들에게 이득이 되는 곳에는 아이들의 오락
거리도 있어야 한다. 아이들이 먹을 고기는 더 달콤하
게 양념을 해야 한다. 그것이 아이들의 위에는 더 이로
우며, 씁쓸한 양념을 한 고기는 아이들에게 해로울 수
있다.

[1권 26장 「아동교육에 대하여」]

몽테뉴 자신이 받은 교육

그리스어와 라틴어를 할 줄 안다는 건 멋지고 대단한 일이지만, 그 언어를 배우려면 비용이 너무 많이 드는 게 사실이다. 그래서 그 언어를 일반적인 경우보다, 즉 나 자신이 시도한 방식보다 저렴한 비용으로 더 빠르게 훨씬 잘 배울 수 있는 법을 말해 주고자 한다.

돌아가신 우리 아버지는 학식 있는 사람과 분별 있는 사람, 탁월한 교수법을 아는 사람 등에게 의뢰하고 이모저모로 연구해 본 다음 널리 퍼진 이 문제점을 알게 되었다. 원어민은 공짜로 습득하는 이 언어를 익히는 데 오랜 시간이 걸린다는 점이 우리가 정신적 위대함과 고대 그리스와 로마 같은 박식함에 이를 수 없었던 유일한 이유라는 말이 있었다. 내 생각엔 이것이 유일한 원인은 아닌 것 같다. 하지만 아버지가 택한 방법은 이것이었다. 내가 아주 어렸을 때, 그러니까 아직 프랑스어도 제대로 말하지 못할 때 아버지는 나를 한 독일인(그 후 프랑스에서 평생 살았던 유명한 의사)에게 맡겼다. 그는 프랑스어를 전혀 못했지만 라틴어는 아주 잘했다. 아버지가 일부러 불러들여 보수도 많이 주었던 그는 계속 나를 품에 안고 있었다. 그 말고 두 명이 더 있었는데, 학식이 높지는 않았지만 나를 신경 쓰며 잘 놀아 주었다. 그들은 나와 라틴어로만 대화했다. 나머지 집안 사람들로 말하자면, 아버지도 어머니도 남자 하인도 침실 담당 하녀도 나와 애기할 때는 저마다 배운 라틴어 단어로만 말해야 한다는 것이 어길 수 없는 규칙이었다. 각자 거기서 놀라운 결과를 얻었다. 아버지와 어머니는 라틴어를 상당히 알아듣게 되었고, 내 시중을 들던 다른 하인들처럼 필요하면 라틴어를 쓸 수 있을 만큼 습득했다. 요컨대 우리 집에서 지나치게 라틴어를 쓰는 바람에 주변 마을까지 라틴어가 넘쳐났고, 지금도 장인匠人이나 그들의 도구를 라틴어로 부르는 관례가 남았다. 나로 말하자면, 여섯 살이 넘어서도 프랑스어나 페리고르 지방 방언을 아랍어만큼도 알아듣지 못했다. 그러니까 특별한 기술도 책도 없이, 문법이나 규칙도 없이, 매를 맞지도 눈물을 흘리지도 않고 학교 교사가 구사하는 라틴어 못지않게 순수한 라틴어를 배운 것이다. 라틴어를 다른 언어와 섞어 쓰거나 변형시키면 안 됐으니까. (……)

내가 거의 이해하지 못했던 그리스어로 말하자면, 아버지는 내게 기술적으로 그러나 새로운 방식으로 놀이와 연습을 통해 그것을 가르쳐 보려고 했다. 우리는 놀이를 하며 어미변화를 익혔고 산수와 기하학도 배웠다. 왜냐하면 아버지는 무엇보다도 학문과 숙제를 억지로가 아니라 내 의지로 자진해서 맛보고 파악해 어떠한 제약이나 엄격함 없이 자유롭고 온유하게 내 영혼을 고양시켜야 한다는 조언을 받아들였기 때문이다. 심지어 이런 미신까지 있었다. 아침에 소스라쳐 일어나거나 졸다가(아이들은 우리보다 더 많이 졸음에 빠진다) 갑자기 후다닥 깨어나게 하면 아이의 보드라운 뇌에 장애가 된다는 주장도 있었던지라, 아버지는 어떤 소리로만 나를 깨웠고 내 시중을 드는 하인을 항상 따로 두었던 것이다.

이 예만 봐도 능히 나머지를 판단할 수 있을 것이다. 이렇게 훌륭한 아버지의 애정과 신중함이 좋다고 말하려면, 아버지가 이렇게 세심하게 배려한 만큼의 결실을 거두지 못했다는 사실도 밝혀야 할 것이다. 여기엔 두 가지 원인이 있다. 토양이 기름지지 못하고 적합하지 않았기 때문이다. 나는 건강하고 튼튼하긴 했지만, 천성이 온화하고 순박하고 둔하고 굼뜨고 멍해서 (나가 놀게 하려고 할 때조차) 나의 게으른 성향을 어찌하지 못했던 것이다. 눈에 보이는 건 완벽하게 잘 보았다. 그리고 이렇게 아둔한 기질을 타고났어도 대담한 상상력과 나이를 뛰어넘는 조숙한 견해를 키웠다. 정신은 사고를 따라가지 못할 만큼 둔했고 이해력은 느리고 창의력은 빈약했다. 그리고 무엇보다 믿을 수 없을 만큼 기억력이 나빴다. 그러니 아버지의 교육이 가치 있는 결과에 이르지 못한 것도 놀라운 일이 아니다.

[1권 26장 「아동교육에 대하여」]

우정을 여성에 대한 애정에 비교하는 것은 인간이 할
수 있는 일이 아니며 서로 같은 선상에 놓을 수 있는 것
도 아니다. 우리가 좋아서 이런 비교를 골라서 하는 거
라 해도 말이다. 우정의 불은 고백하건대 애정의 불보
다 더 활활 타고 더 뜨거우며 더 예리하다. 하지만 그건
무모하고 주저하고 흔들리고 변덕스러운 불이다. 확
타올랐다 수그러졌다 하면서 우리의 한 부분만을 붙잡
는 불이다. 참된 우정에서 이것은 일반적이고 보편적
인 불로, 고르고 지속적이고 차분한 열기를 뿜으며 신
랄하거나 따끔한 느낌이 전혀 없고 온화하면서도 부드
럽다. 반면에 사랑에서 이것은 우리를 피해 멀어지는
것을 좇는 미친 듯한 갈망일 뿐이다. (……)

　우리는 친분이 있고 친숙한 관계를 보통 친구나
우정이라 부른다. 어떤 기회나 편의에 의해 결속되고
그것을 생각하면 우리의 마음이 흔쾌해지는 관계가 우
정이다. 내가 말하는 우정이란 사람들이 보편적으로
어우러지고 혼연일체가 되어 더 이상 서로를 결합한

이음매를 찾을 수 없는 상태다. 누가 나보고 그의 어떤 점을 좋아하는지 말하라고 재촉하면, 나는 그건 말로 표현할 수 없다고 느끼지만 '그가 그이기 때문에, 내가 나이기 때문에'라고 대답할 수밖에 없다. 내가 말로 표현할 수 있는 바를 넘어서는, 이 결합을 가능케 한 나도 모르는 설명할 수 없고 치명적인 힘이 있다. 우리는 서로 직접 만나기 오래전부터 알았고 서로에 대한 얘기를 들었다. 그래서 우리 사이에 단순히 얘기를 듣고 일어날 만한 것보다 더 큰 폭풍우가 일었던 것이다. 하늘의 어떤 은밀한 명命을 받아 우리가 서로의 이름을 부르며 포옹했다는 생각이 든다. 우연히도 우리는 도시의 시민 전체가 모이는 엄숙한 연회에서 처음 만났는데, 그때 우리 둘 다 너무 놀라고 너무 익숙하고 너무 친숙하고 너무 끈끈하게 결속된 느낌을 받았다. 그때부터는 우리처럼 가까운 것은 아무것도 없는 듯했다. (……)

그를 잃은 이후로 (……) 나는 오로지 그리워하고 슬퍼하기만 했다. 만물이 주는 기쁨조차 날 편하게 하기는커녕 그를 잃었다는 슬픔만 가중시킬 뿐이었다. 우리는 모든 걸 함께 나누었다. 모든 게 반반씩이었다.

혹시 내가 그의 몫을 훔친 건 아닌가 하는 생각도 든다.

둘인 것에 너무 익숙해지고 결코 혼자였던 적이
없어서, 내가 나 자신의 반쪽에 지나지 않는다는 생각
이 들 정도다.

[1권 28장 「우정에 대하여」]

나는 10년 내지 12년 동안 이 세계와는 전혀 다른 세계에서 살았던 어떤 사람과 같이 오랫동안 살았다. 그 세계는 나중에 빌레가뇽*이 상륙했던 땅의 일부로 밝혀졌다. 그가 '남극의 프랑스'라 이름 붙인 이 끝없이 넓은 땅을 발견했다는 것은 염두에 둘 만한 일인 것 같다. 나는 앞으로 다른 누군가가 또 이런 발견을 하리라고 장담하지는 못하겠다. 우리보다 더 학식 있는 많은 사람도 이 세계에 대해 잘못 생각했기 때문이다. 나는 우리 눈이 휘둥그레져 위장보다 더 커질까 봐, 우리 능력보다 호기심이 더 클까 봐 두렵긴 하다. (……)

내가 데리고 있던 이 하인은 단순하고 투박한 친구였다. 이런 성격은 진실한 증언을 하기에 좋은 조건이다. 세련된 사람은 더 많은 호기심을 가지고 사물을 눈여겨보며 비판하고, 자기의 해석을 부각시키고 설득력을 높이기 위해 이야기를 그럴듯하게 포장하고 좀 바꾸기도 한다. 그들은 결코 사물을 그 모습 그대로 묘사하지 않는다. 자기가 본 모습으로 그것에 가면을 씌

---

* 몰타의 사령관이었고 나중에 프랑스 해군 장교를 지냈는데, 프랑스의 위그노가 박해를 피해 도망가는 것을 도왔다. 병사이자 과학자이자 탐험가였던 그는 지중해에서 해적과 싸웠고 많은 전쟁에도 참여했다.

우고, 자기 판단에 신용을 얻고 사람들을 끌어당기기 위해 사실에 뭔가를 덧붙이며 길게 늘이고 과장한다. 아주 충직하거나 너무 단순해서 가짜로 지어낸 이야기를 그럴듯하게 보이도록 하거나 거기에 무언가를 연관시켜 볼 재간이 없는 사람의 말이라면 믿을 만하다. 내 하인이 바로 그런 사람이었다. (……)

난 모든 사람이 각자 자기가 아는 것만 썼으면 한다. 이것뿐 아니라 다른 모든 주제에 대해서도. 왜냐하면 사람은 다른 것에 관해서는 누구나 아는 것만 알지도 모르지만, 어떤 강이나 샘에 대해서는 특별한 자연적 지식과 경험을 가지고 있을 수 있기 때문이다. 그렇지만 그는 이 소소한 한 편을 내놓기 위해 물리학 전체를 쓰려고 할 것이다. 이런 잘못된 행위에서 여러 가지 매우 곤란한 문제들이 생겨난다.

다시 이 글의 주제로 돌아와, 사람들이 보고한 것에 근거해서 보자면 나는 새로 발견한 이 나라에 야만적인 면이 전혀 없다고 생각한다. 자신에게 익숙지 않은 것을 각자 '야만'이라고 부른다는 점만 빼면 말이다. 사실 우리는 우리가 사는 곳의 견해와 관습의 사례와 개념 외에 다른 수준의 진실과 이성은 없다. 완벽한 종교도 완벽한 정치도, 매사에 적용되는 완벽한 관례도 그렇다. (……)

그 나라는 (……) 교통이랄 것도 없고, 문자에 대한 지식도 없고, 수에 관한 학문도 없고, 관료의 직명도 없고, 정치적 우위도 없고, 빈부도 없고, 용역 사용도 없고, 계약이나 상속이나 분배도 없고, 사람들은 직업도 없이 게으르게 산다. 또 혈연관계를 중시하지 않지만 누가 누구와 혈연인지는 알고, 자연 이외엔 아무 옷도 걸치지 않고, 농업도 없고, 금속도 없고, 포도주나 곡물을 사용하지도 않는다. 거짓말, 배신, 은폐, 탐욕, 시기, 중상모략, 용서 같은 말은 들어 본 적도 없다. (……) 이 모든 게 과히 나쁘진 않다. 하지만 대체 이게 뭐란 말인가? 그들은 반바지 같은 것조차 입지 않는다.

[1권 31장 「식인종에 대하여」]

여기 놀라운 것이 있다. 우리에겐 시를 평가하고 해석하는 이보다 시인이 훨씬 많다. 시는 이해하기보다 쓰기가 더 쉽다. 수준 낮은 척도로 보자면, 얼마나 규칙에 맞게 기술적으로 썼는가로 시를 판단할 수 있다. 하지만 좋은 시, 지고한 시, 신성한 시는 이런 규칙과 이성을 넘어선다. 단호하고 차분한 시각으로 시의 아름다움을 식별하는 사람은 그 시의 번개 같은 광채를 보지 못한다. 시는 우리의 판단을 실현하는 게 아니라 오히려 앗아 가고 망쳐 놓는다. 시를 속속들이 이해할 줄 아는 사람이 사로잡힌 격분은 그가 낭송하는 시를 듣는 제삼자에게도 충격을 준다. 마치 자석이 바늘 하나만 끌어당기는 게 아니라 그 하나에 자석의 성질이 생겨 다른 바늘까지 다 끌어당기듯이 말이다. 이는 연극에서 특히 그렇다. 처음에는 뮤즈의 성스러운 영감이 시인을 격분하고 슬픔에 잠기고 증오하고 이성을 잃고 마음대로 날뛰도록 자극한다. 그러면 시인은 다시 배우에게 충격을 주고, 그 결과로 배우는 관객 전체에게 충격을 준다. 그건 바늘 하나에 다른 바늘이 붙어 하나로 이어지는 현상처럼 우리 감각이 서로 의존해 이어지는 현상이다. 어린 시절부터 시는 나에게 이러한 효과를 발휘했다. 나를 꿰뚫어 다른 데로 데려가는 효과 말이다.

[1권 37장 「소(小) 카토*에 대하여」]

---

* 마르쿠스 포르시우스 카토 우티센시스. 이름이 같은 증조부와 구분하기 위해 소 카토라 불린다. 로마공화정 말기에 보수적인 상원의원으로 카이사르와 대적했다. 유명한 연사이자 스토아학파 철학자였는데, 뇌물을 일체 안 받고 도덕적으로 흠잡을 데 없었으며 방만한 부패를 싫어한 것으로 유명하다.

판단은 모든 주제에서 도구가 되고 어디에나 끼어든
다. 그러므로 이『수상록』에서도 난 기회만 있으면 판
단을 한다. 내가 도무지 알 수 없는 주제라도 멀리서부
터 조심스럽게 검토하며 판단한다. 그리고 주제가 내
기준으론 너무 심오하다 싶으면 파고들지 않고 그냥
강가에 머문다. 강 저편으로 건너갈 수 없다는 걸 인정
하는 것이 그 효과의 특징, 나아가 가장 자랑스러운 특
징 중 하나다. 때로 주제가 헛되거나 별것 아닐지라도
혹시 그 주제를 구체화하고 지탱할 만한 것이 있나 살
펴본다. 때로는 고귀하고 잘 알려진 주제—남이 간 길
을 따라가야만 뭔가를 찾을 수 있는 주제—를 정해 판
단력을 이렇게 저렇게 발전시켜 본다. 그중에서 나에
게 가장 좋아 보이는 길을 고른다. 그리고 수많은 길 중
에 이 길이나 저 길이 가장 잘 고른 길이라고 말한다.

　나는 첫 번째 논제를 운에 맡겨 골라 본다. 어느 주
제나 다 좋다. 그리고 나는 주제를 철저히 다룰 의도가
전혀 없다. (……) 만물이 지닌 백 가지 측면과 면모 중

에서 하나만 택해 때로 핥고 때로 스치고 때로는 뼛속까지 헤집어 본다. 나는 그것을 방대하게가 아니라 가능한 한 깊게 찔러 본다. 그리고 여태 사용하지 않은 불빛을 비춰 그것을 파악해 보는 것을 목표로 삼는다. 내가 나 자신을 잘 몰랐다면 어떤 소재를 깊이 다루어 보겠다는 만용을 부렸을 것이다. 어떤 의도도 관련도 없이 여기저기 한 단어씩 흩뿌리며 그것을 잘하는 짓이라고 생각하지 않고, 내 맘대로 변화를 줄 생각도 없으며, 내가 설 자리가 있다고도 생각하지 않는다. 스스로를 의심하며 확실치 않다고 갸우뚱할 생각도 없다. 또 아무것도 모르겠다고(무지가 나의 주된 모습이라는 핑계로) 할 생각도 없다. 한 동작 한 동작이 우리 자신을 드러내 보여 준다.

[1권 50장 「데모크리토스와 헤라클레이토스에 대하여」]

¶

이 『수상록』이 판단할 가치가 있는지는 모르지만, 내 생각으론 이 책이 보통 사람과 천박한 정신의 소유자 또 특이하고 탁월한 사람의 마음에 썩 드는 책은 아닐 것이다. 전자는 이 책을 이해하더라도 조금밖에 못할 것이고, 후자는 지나치게 잘 이해할 것이다. 어중간한 사람은 아마 이 책이 없어도 잘 살아갈 것이다.

[1권 54장「쓸데없는 미묘함에 대하여」]

나는 인간에게 일관성이 있다고는 도저히 믿을 수 없으며, 일관성이 없다는 점만큼 인간에게서 쉽게 찾을 수 있는 면도 없다. (……)

우리의 평소 습관은 욕구의 경향에 따라 이리로 저리로, 좌로 우로, 위로 아래로 기회의 바람이 우리를 실어 나르는 대로 바뀐다. 우리는 원하는 순간에만 원하는 것을 생각한다. 자기가 처한 장소의 색깔대로 바뀌는 짐승처럼 변하는 것이다. 우리는 지금 당장 제안한 것을 곧바로 바꾸고, 금방 가던 길을 되돌아간다. 이는 동요와 변덕일 뿐이다.

우리가 스스로 가는 것이 아니라 실려 가는 것이다. 둥둥 떠가는 사물처럼 물이 출렁이는가 잔잔한가에 따라 때로는 부드럽게, 때로는 격하게 말이다.

매일같이 새로운 변덕이 생기고 우리의 기분은 시시각각 달라진다. (……) 확실한 법칙과 전체를 관통하는 규칙을 우선으로 생각하는 사람이라면 누구든 습관의 일관성, 질서, 서로 간의 변함없는 관계가 평생 빛나는 것을 볼 것이다. (……) 나는 스스로에 대해 헷갈리 거나 혼동하지 않고 전적으로 단순하고 확고하게 한마 디로 말할 게 없다. 내 논리에서 가장 보편적인 부분은 '식별'이다. (……) 그러므로 한 사람을 판단하려면 그를 오랫동안 추적하며 그의 행적을 아주 관심 있게 지켜 봐야 한다. (……)

겉으로 드러나는 행동만으로 우리 자신을 판단하 는 것은 올바른 근거에 기반한 것이 못 된다. 사람은 철 저히 자기 소리를 내고 자기 마음속에 들어가 대체 무 슨 동인에 의해 행동하는지 보아야 한다. 하지만 그건 무모하고 너무 고난도의 시도이기에 그런 일에 개입하 는 사람이 너무 많지는 않았으면 한다.

[2권 1장 「우리 행동의 일관성 없음에 대하여」]

아버지의 몸가짐은 늘 온화했고, 자신을 낮추고 매우 겸손했다. 그는 정직함에 가장 신경을 썼고, 걸을 때나 말을 탈 때나 일종의 품격과 몸에 밴 정연한 점잖음을 지켰다. 그는 자기가 한 말이나 약속을 대단히 잘 지켰다. 종교적으로 매우 엄격할 만큼 양심적이고 종교를 잘 따라 평소에도 미신에 이끌리는 사람처럼 보였다. 키는 작았지만 매우 용맹하고 활력이 넘쳤다. 체격은 곧고 균형이 잘 잡혀 있었다. 그을어 가무잡잡한 얼굴은 쾌활해 보였고, 고귀한 훈련은 뭐든 기막히게 잘했다.

　　나는 아버지가 해머나 장대를 던지고 펜싱을 잘하기 위해 납으로 속을 채운 막대를 이용해 팔운동을 하던 모습이 눈에 선하다. 또 신발 바닥을 납으로 때워 날래게 도약하고 달리면서 체력을 단련하는 모습도 보았다. 아버지가 높이뛰기를 하던 모습을 떠올리면 작은 기적을 남겨 놓았다고 말할 수 있을 것 같다. 예순이 넘어서도 그는 우리가 몸이 가볍다며 비웃었고, 무거운

털 가운을 걸친 채 가뿐히 말안장에 올라앉았고, 엄지
손가락으로 식탁을 짚고는 주위를 한 바퀴 돌았고, 계
단을 오를 때면 한꺼번에 서너 개씩 오르곤 했다.

[2권 2장 「취태에 대하여」]

비록 우리는 배운 바를 기꺼이 믿지만, 경험에 의해 우리 영혼이 우리가 의도하는 대로 움직이도록 훈련하지 않으면 배운 바 때문에 선뜻 행동에 나설 만큼 강하기란 어려운 일이다. (……)

하지만 우리가 맞닥뜨리는 가장 큰 일인 죽음 앞에서는 연습도 아무 소용이 없다. 사람은 습관과 경험으로 슬픔, 수치심, 결핍, 사고 같은 것에 대항해 강해질 수 있다. 하지만 죽음에 대해 말하자면, 우리는 단한 번밖에 맞닥뜨릴 수 없고 죽음의 순간에는 우리 모두 초짜일 뿐이다. (……)

그럼에도 우리가 죽음과 친숙해지고 죽음을 시험해 볼 방법은 있는 것 같다. 우리는 죽음을 전적으로 완전하게는 아니라도 어느 정도 유용하게 체험해 볼 수있고, 그로 인해 더 강해지고 더 자신감을 가질 수 있다. 진짜 죽음에 이를 수는 없지만, 적어도 임사臨死 체험을 통해 어렴풋이나마 죽음을 파악할 수는 있다. 죽음의 요새까지 쳐들어갈 수는 없지만, 적어도 죽음에 이르는 길을 알아보고 친숙해질 수는 있다. 잠이 죽음과 비슷하니 잠을 잘 관찰해 보는 것도 일리가 있는 일이다. 우리는 얼마나 쉽게 깨어 있다 잠으로 넘어가고, 얼마나 무심하게 빛과 우리 자신에 대한 인식을 잃는가! (……)

하지만 어떤 무참한 사고를 당해 정신이고 감정이고 다 잃어버린 사람은 내 생각엔 자신의 진정하고 자연스러운 얼굴을 매우 가까이에서 본 사람이다. 왜냐하면 죽음이 닥친 순간엔 어떤 감정이나 감각을 느낄 여유도 없어 그리로 이행하는 순간이 힘들거나 불쾌할까 봐 두려워하지 않아도 되기 때문이다. 고통을 겪는 데도 시간이 필요한데, 죽음으로 향하는 순간이 너무 짧고 급하기 때문에 필연적으로 감각을 느낄 수가 없다. 이것이 우리가 두려워해야 할 접근법이다. 그리고 이런 것은 직접 경험할 수도 있다.

상상 속에서 실제보다 더 커 보이는 것이 많다. 나는 이 나이에도 대체로 건강하다. 온전히 건강하다고 할 수는 없지만 쾌활하고 활력이 흘러넘친다. 이처럼 기운차고 거뜬한 상태였기 때문에 질병을 너무 끔찍하게 생각해 막상 정말 병에 걸렸을 때는 미리 두려워했던 것에 비해 별거 아니라는 생각이 들 정도였다.

나는 매일 이런 걸 느낀다. 밖은 요란스레 폭풍우 치는 밤인데, 나는 아늑한 방에서 따뜻하게 이불을 덮고 있다. 그런 때에 피할 곳도 없이 벌판에서 폭풍우를 맞는 사람을 생각하면 당혹스럽고 괴롭다. 하지만 만약 내가 그 폭풍우 속에 있다면, 딱히 다른 데 있길 바라지 않을 것이다. (……)

우리 나라에서 벌어진 두 번째인가 세 번째 난리 때에(몇 번째인지 잘 기억나지 않는다) 어느 날 우리 집에서 4킬로미터쯤 떨어진 곳—프랑스 내전의 중심지였던 곳—으로 바람을 쐬러 갔다. 집도 가깝고 안전하다고 생각해 더 좋은 마구도 갖추지 않은 채 타기 편하지만 그다지 튼튼하지는 않은 말을 골라 타고 말이다. 그런데 집으로 돌아오는 길에 우연히 이 말에게 전혀 익숙하지 않은 상황과 맞닥뜨렸다. 건장한 우리 집 하인 하나가 재갈을 물리기 어려울 만큼 힘세고 쌩쌩하고 기운찬 젊은 말에 올라타고 짐짓 대담한 척하며 남들보다 앞서가려고 고삐를 쥐고 내가 가는 길 앞으로 빠른 속도로 달려오는 바람에 거대하고 단단하고 무거운 그 몸에 부딪쳐 매우 체구가 작았던 내가 타고 있던 말과 함께 땅바닥에 나동그라진 것이다. 말은 쓰러지고, 나는 말에서 열두어 걸음쯤 떨어진 곳에 내동댕이 쳐졌다. 얼굴은 온통 상처투성이고 손에 들었던 긴 칼은 열 걸음도 넘게 떨어진 곳까지 날아가고 혁대는 끊어진 채 나무토막처럼 꼼짝도 못하고 아무 느낌도 없었다. 내가 기절했다고 느낀 적은 평생에 그때뿐이었다. 함께 있던 사람들은 온갖 방법으로 내가 정신을 차리게 하려 애쓰다, 내가 죽은 줄 알고 나를 어렵사리 안아 들고 약 2킬로미터 떨어진 우리 집으로 향했다. 집에 가는 길에, 죽은 걸로 간주된 지 두 시간이 지나서야 비로소 나는 몸을 꿈틀거리고 숨을 쉬기 시작했다. 배에 피가 어마어마하게 고여 있는 힘을 다해 토해 낸 뒤에야 겨우 기운을 차릴 수 있었다. 사람들은 내 발을 잡고 나를 거꾸로 세워 응고된 피를 한 동이 가득 토하게 했다. 집으로 돌아가는 길에 여러 번이나 그렇게 했다. 그러고 나니 좀 살 것 같았다. 하지만 오랫동안 조금씩 더디게 회복이 되었고, 내 첫 느낌은 삶보다 죽음에 더 가까웠다. 내 머릿속에 각인된 이 기억 덕분에 자연에 아주 가까운 죽음의 모습과 관념을 볼 수 있기는 했지만, 난 도무지 죽음과 화해할 수가 없었다. 내가 처음 눈을 떴을 때 시야가 너무 혼란하고 흐릿하고 죽은 듯해서 희끄무레한 빛밖에 보이지 않았다.

영혼의 기능에 대해 말하자면, 그것은 육체의 기능과 같이 생겨나 같은 과정으로 발전한다. 나는 온몸이 피투성이인 걸 깨달았다. 내 윗도리 곳곳이 토한 피로 얼룩져 있었기 때문이다. 처음 든 생각은 머리에 화승총을 맞았다는 것이었다. 실제로 그와 동시에 주변 여기저기에서 총소리가 났기 때문이다. 내 생명은 입술 끝에만 달려 있는 것 같았다. 생명을 입술 밖으로 밀어내는 데 도움이 될까 하여 나는 눈을 감았다. 그리고 축 늘어져 될 대로 되라는 심정으로 가만히 있어 보니 훨씬 편했다. 이는 영혼의 표면을 유영하는 상상력에 불과했다. 다른 모든 부분만큼이나 미약하고 희미했지만, 사실상 불쾌감은 없었을뿐더러 스르르 잠에 빠지는 사람이 느끼는 달콤함도 섞여 있었다.

죽기 전의 고통으로 정신을 잃은 사람은 이런 상태에 있는 거라고 생각되며, 영혼이 괴로운 생각에 짓눌려 심각한 고통에 휘둘린다고 판단해 뚜렷한 이유 없이 안됐다고 여기는 것이다. 여러 사람, 심지어 에티엔 드 라 보에시의 의견과 달리 내 생각은 항상 그랬다.

죽을 때가 다 되어 정신을 잃은 사람, 오래 아파서 누워 있는 사람, 뇌졸중으로 쓰러지거나 지병을 앓는 사람 등이 이에 해당한다. (……)

집에 거의 도착하자 내가 말에서 떨어졌다는 소식이 어느새 퍼져 집안 사람들이 이럴 때면 으레 그러듯 크게 울부짖으며 날 맞이했다. 내가 사람들의 질문에 몇 마디 답을 했을 뿐만 아니라 아내에게 말 한 마리를 내주라고 하인들에게 명령까지 했다고 사람들은 말한다. 아내가 울퉁불퉁한 비탈길에서 꼼짝달싹 못하고 힘들어하는 게 보였던 것이다. 이런 배려는 마치 나와 무관하게 정신이 말짱한 사람이 한 것 같았다. 하지만 나는 분명 그런 상태와 거리가 멀었다. 내 상태는 구름 속에서처럼 눈과 귀의 감각으로만 느낄 수 있는 텅 빈 사고일 뿐으로 나 자신에게서 나온 게 아니었다. 그럼에도 내가 어디서 왔는지 어디로 가는지, 사람들이 한 말을 헤아리고 숙고할 수 있는지 도통 알 수 없었다. 이는 감각이 자아내는, 저절로 생겨나는 가벼운 효과였다. 내 영혼 앞에 펼쳐진 것은 감각의 인상이 아주 가벼이 스치며 표피를 핥고 적시기만 한 몽상일 뿐이었다.

집에 가는 동안 내 상태는 아주 쾌적하고 편안했

다. 나 자신이나 남들에 대해 어떤 고통이나 걱정도 느끼지 못했다. 아무 고통도 없이 나른하고 지독하게 허약한 느낌이었다. 나는 우리 집을 보고도 우리 집인 줄 몰랐다. 침대에 누우니 아주 편안했다. 수고스럽게 나를 팔에 안고 험하고 꽤 먼 길을 걸어 집까지 데려다준 그 가없은 사람들이 몹시 서두르며 날 마구 잡아당겼기 때문이다. 사실상 그들은 두세 차례 돌아가며 나를 안고 오느라 지치고 힘이 다 빠져 버렸다. 사람들이 여러 가지 치료법을 제시했지만 나는 머리에 중상을 입었다고 생각해 아무것도 받아들이지 않았다. 거짓말 안 보태고 말하자면, 그때 죽었다면 매우 행복한 죽음이었을 것이다. 왜냐하면 이해력이 떨어져 판단하기가 힘들었고, 몸이 약해져 아무것도 느낄 수 없었기 때문이다. 나는 아주 부드럽게 그리고 아주 편하고 나른한 자세로 이보다 덜 부담스러운 자세는 없다는 듯 죽은 것처럼 누워 있었다. 하지만 두세 시간 뒤에 다시 살아나 전처럼 힘을 회복하기 시작하자 슬슬 감각이 느껴지면서 전신이 아파 왔다. 말에서 떨어져 멍들고 으스러진 팔다리가 두세 밤이 지나자 하도 아파 한 번 더 죽는 것 같았고, 정작 다쳤을 때보다 이번 죽음이 더 생생했다. 지금도 만신창이가 되었던 그 끔찍한 충격이 느껴진다.

내가 할 수 있는 마지막 일은 이 사고를 기억하는 것이었다. 그리고 내가 어디를 갔다 어디서 오던 길이었는지, 몇 시에 그 일이 일어났는지 수없이 반복해서 남의 말을 듣고서야 겨우 이해가 되었다. 내가 어떻게 떨어졌는지에 대해서는 그 원인을 제공한 사람을 생각해 모두가 내게 감추고 다른 원인을 지어냈다. 하지만 한참 지난 뒤인 어느 날 아침 기억이 돌아와 말이 나를 덮쳤던 그 순간의 내 상태를 그려 보니(왜냐하면 분명 내 발꿈치께에서 말을 보았고, 이젠 죽었구나 하는 생각이 너무도 갑작스럽게 들어 채 두려워할 틈도 없었기 때문에) 내 영혼에 번개를 맞고 저세상에 잠깐 다녀온 것만 같았다.

[2권 6장 「실천에 대하여」]

독학의 어려움

우리의 정신처럼 특이하고 이리저리 헤매는 것을 따라가기란 보기보다 어려운 시도다. 이 정신 내부에 잡힌 주름의 불투명하고 깊은 속까지 들어가 보는 것, 정신을 어지럽히는 숱한 미미한 기류를 포착하는 것 말이다. 이것은 세상 일에서 눈을 돌릴 만한 새롭고 독특한 오락거리다. 그리고 가장 권할 만한 일이다. 몇 년 전부터 내 사고의 목표는 오직 나 자신뿐이었고, 오직 나 자신만을 파고들고 연구했다. 만약 내가 뭔가 다른 것을 연구한다면, 그건 즉시 나 자신에게 적용해 보기 위해서다. 비교할 필요도 없이 별 쓸모없는 다른 학문에서 일반적으로 그러는 것처럼, 비록 내가 이룬 발전이 만족스럽지 못하다 해도 여기에서 배운 바를 남들에게 알린다. 자신을 그리는 것만큼 힘든 묘사도 없지만, 또 이처럼 확실히 유용한 묘사도 없다.

[2권 6장 「실천에 대하여」]

자식을 다루는 법

그런데 자식을 낳았기에 사랑하고 또 다른 자아라 부르는 이 단순한 상황을 생각해 보면, 자식 말고 우리에게서 나온 또 다른 권장할 만한 산물이 분명 있는 것 같다. 우리 영혼이 낳는 것, 우리의 용기와 충만함과 정신이 낳는 것은 육체적이기보다는 좀 더 고귀한 부분이 낳는 것이며 자식보다 더욱 우리만의 것이다. 우리는 이 산물에 대해서도 아버지이자 어머니인데, 이것을 낳기가 훨씬 힘들고, 혹시 거기에 뭔가 훌륭한 점이 있다면 우리에게 더욱 큰 영예가 된다. 왜냐하면 우리의 다른 자식들의 가치는 우리 것이라기보다는 그들 자신의 것이기 때문이다. (……)

나는 영예와 자유를 위해 아이를 길러 내는 교육에서 일체의 난폭함을 배격한다. 엄격하고 강제적인 교육에는 좀 노예적인 측면이 있다. 그리고 이성, 능숙함, 신중함으로 뛰어넘을 수 없는 것은 강요와 통제로도 불가능하다고 나는 주장한다. 나 자신이 그렇게 자라났다. 어린 시절에 딱 두 번, 그것도 아주 가볍게 매

를 맞았다고 부모님은 말씀하셨다. 난 내가 교육받은 대로 내 아이들을 키웠다. (······)

프랑스의 제독이었던 몽뤼크 원수는 마데이라섬*에서 아들이 죽었을 때, 그가 정말로 훌륭하고 장래가 촉망되고 정중하고 젊은 신사였기에 다른 무엇보다도 아들 생전에 자기 마음을 터놓고 그와 대화하지 못한 것을 가장 가슴 아파하며 슬퍼했다. (······)

아버지로서 근엄하고 꾸짖는 얼굴만 보여 아들을 이해하고 잘 알 기회와 그를 지극히 사랑하고 그의 미덕을 올바로 판단할 기회를 잃었다고 애통해했다. 그는 말했다. "이 가엾은 아들이 내게서 본 거라곤 오직 찌푸리고 경멸하는 태도뿐이라 내가 아들을 그 장점대로 사랑하지도 평가하지도 않는다고 믿어 버렸소. 내가 맘속으로만 간직한 이 두드러진 애정을 대체 누구에게 보여 주려 했던 건가? 그 사실을 알고 즐거워해야 할 사람은 아들이 아니었겠소? 나는 스스로를 억누르고 거북해하며 이 헛된 가면을 유지해 왔소. 그러다 아들과 대화하는 즐거움과 아들의 애정까지 잃고 말았소. 아들이 내게서 받은 거라곤 퉁명스러운 언행뿐이고 독재적인 방식만 느꼈을 뿐이니 날 아주 냉정한 아

버지로 볼 수밖에 없었을 것이오."

　나는 이런 푸념이 아주 마땅하고 합리적이라고 생각한다. 왜냐하면 경험으로 아주 확실하게 알고 있듯이, 우리가 친구를 잃었을 때 생전에 서로 비밀이 없고 완벽하고 온전하게 소통했다는 사실을 아는 것만큼 큰 위안이 되는 건 없기 때문이다.

[2권 8장 「부성애에 대하여」]

○ 독서

이 분야의 대가들이 더 사실에 가깝게 잘 다룰 수 있는 많은 문제에 대해 내가 말하게 되는 경우가 자주 있다. 이는 순수하게 내가 타고난 자질만으로 하는 일이지 후천적으로 얻은 능력으로 하는 일이 아니다. 이런 시도가 무지한 일이라고 트집을 잡는 이도 있겠지만 내게 해될 건 없을 것이다. 내가 말한 바에 대해 스스로 책임을 지지 못한다면 다른 이에게도 책임을 지우지 않을 것이며, 거기에 만족하지도 않을 것이기 때문이다. 지식을 찾는 사람은 지식이 있는 곳에서 그것을 낚으면 된다. 그렇다고 내가 아무 주장도 하지 않겠다는 건 아니다. 이것은 나의 공상으로, 나는 문제를 알아낸 척하는 게 아니라 어쩌다 알게 된 것이다. 어쩌면 다른 때에 그런 문제가 밝혀진 곳에 내가 우연히 가 보고 알았을 수도 있다. 하지만 지금은 전혀 기억이 나지 않는다. 그리고 나는 독서를 좀 하는 사람이긴 하지만 기억은 그다지 나지 않는다. (……)

책을 읽다 어려운 부분을 만나면 나는 고민하지

않고 한두 가지 표시만 한 뒤 그냥 놓아둔다. 내가 그 난점만 열심히 파고든다면 거기 몰두해 시간을 낭비하게 될 것이다. 나는 책을 띄엄띄엄 읽기를 잘한다. 처음에 안 보이는 건 오래 들여다보며 고심할수록 더 안 보인다. 나는 어떤 일이든 즐겁게 한다. 너무 집요하게 계속 읽으며 요점에 골몰하다 보면 판단력이 흐릿해지고 머리도 잘 안 돌아가고 피곤해진다. 그래서 시야가 흐려지고 혼란해진다. 이럴 땐 독서를 중단하고 나중에 적당할 때 다시 읽어야 한다. 뭐가 뭔지 제대로 알려면 글을 다양한 시각으로 거듭해서 통독해야 하듯이 말이다.

이 책이 지루해 보이면 다른 책을 집어 들되, 너무 열심히 통독하지는 않는다. 아무것도 할 게 없어 심심한 경우가 아니라면 말이다. (……)

지식과 진실은 판단력 없이도 우리에게 있을 수 있으며, 판단력도 지식과 진실 없이 가질 수 있다. 그렇다, 모르는 걸 인정하는 것이 내가 아는 판단력의 가장 확실한 증거다.

나의 광시곡을 하나로 모아 줄 악단의 단장은 운運밖에 없다. 또 내 표현이나 비유가 그 자체로 어떻게 표출되어 섞이는지 보라. 때로 그것은 두텁게 세 겹으로 나오기도 하고, 때론 하나씩 하나씩 약화되어 나오기도 한다. 나는 느슨하고 이것저것 섞인 듯 보이는 나의 자연스러운 평소 상태를 유지할 것이다. 나의 본 모습대로 계속 꾸준히 읽어 나갈 것이다. (……)

[2권 10장 「책에 대하여」]

우리는 사물을 얼마나 다양하게 판단하는가? 얼마나 자주 우리의 생각이 바뀌는가? 나는 지금 보고 믿는 것은 진심으로 보고 믿는다. 나의 모든 도구와 동인이 이 의견을 꽉 움켜쥐고 힘이 닿는 한 그 의견을 보증한다. 나는 어떠한 진리도 포용할 수 없고, 이보다 더 확실히 그것을 간직할 수도 없다. 나는 절대적으로 온전히 진리에 사로잡혀 있다. 하지만 운이 없게도 나중에 틀렸다고 판단할 좀 더 나은 조언에 따라 이와 똑같은 도구와 조건으로 다른 사물을 받아들인 것은 한 번이 아니라 매일같이 수천 수백 번 있지 않은가?

사람은 최소한 손해를 보고라도 현명해져야 한다. 만약 이런 색깔에 종종 스스로 속아 왔다면 또 나의 기준이 누가 봐도 틀렸고 내 저울이 고르지도 공평하지도 못하다면, 다른 의견보다도 이것이 더 확실하다고 말할 수 있겠는가? 내 자아가 종종 한 잣대에만 이끌리는 것은 어리석은 일 아닌가? 그럼에도 운이 원래 있던 자리에서 오백 번이나 우리를 흔들어 끊임없이 큰 배에 탄 것처럼 우리 마음을 텅 비웠다 다른 여러 의견과 신념으로 가득 채워도 현재 의견과 마지막 의견이 항상 확실하고 확고한 것이리라. 이를 위해 인간은 선함, 명예, 생명, 국가, 건강 등을 제쳐 놓아야 한다. (……)

최대한 가까이에서 자신을 응시하고, 다른 데서는 별로 할 일이 없는 자처럼 나 자신을 눈으로 끊임없이 지켜보는 나는 스스로 느낀 허영과 약점을 감히 입 밖에 내어 말할 수가 없다. 내 발은 너무 비틀거리고 불안정해 헛디딜 듯 휘청거리기 십상이고, 내 눈은 너무 흐릿해서 굶었을 때는 배불리 먹었을 때와 보이는 게 아주 다르다.

아주 건강하거나 날씨가 좋아 햇빛이 나면 나는 선량한 사람이 된다. 하지만 발에 티눈이 생겨 엄지발톱을 누르면 오만상을 찌푸리게 되고 불쾌해져 길을 가기가 힘들다. 말馬이 같은 속도로 걸어가도 나는 때론 힘들고 때론 편안하다. 똑같은 길도 때로는 가깝고 때로는 길고 피곤하게 느껴진다. 똑같은 모습도 어떤 때는 더 괜찮게, 어떤 때는 마음에 안 들게 느껴진다. 어떤 때는 뭐든 다 할 것 같다가도 어떤 때는 아무것도 안 하는 게 맞겠다 싶다. 지금은 마음에 드는 일도 나중에는 괴로워질 것이다. 내 마음속에선 무분별하고 우발적인 동요가 숱하게 일어난다. 우울감이 들거나 화가 치밀기도 하고 기뻤다가 슬퍼지기도 한다. 내가 우연히 책을 읽다 어떤 구절이 뛰어나게 아름답다고 느끼고 영혼이 거기에 홀딱 빠졌다고 해 보자. 하지만 그 책을 나중에 다시 읽어 보면 아무리 이리저리 넘겨 봐도 그 책은 미지의 형체 없는 덩어리에 지나지 않을 것이다.

내 글에서도 내가 처음 상상했던 느낌을 늘 찾아볼 수는 없을 것이다. 나 자신이 무슨 말을 하려 했는지 몰라 더 나았던 처음 생각을 찾지 못하고 고쳐 쓰고 덧붙이느라 부심하기 일쑤다. 나는 왔다 갔다만 하고, 내 판단은 항상 앞으로 나아가기보다는 둥둥 떠서 헤맨다.

여러 번(내가 보통 그러듯) 연습 삼아 나와 반대되는 의견을 고수하다 보면, 거기에 집중한 나머지 먼젓번에 품었던 생각의 이유를 더 이상 찾지 못하고 정신이 그쪽으로 돌아서 버려 그 생각을 버리게 된다. 그러면 내가 기울어지는 쪽으로 어쨌든 나 자신의 무게에 끌려가게 된다. 누구나 자기 자신을 잘 들여다보면 거의 나처럼 자신에 대해 말할 것이다.

[2권 12장 「레몽 스봉의 변명」]

우리뿐 아니라 사물의 존재 중에도 영속하는 것은 없다. 우리나 우리의 판단이나 그 밖의 유한한 사물은 모두 끊임없이 변전한다. 그러므로 이거나 저거나 단정할 수 있는 것은 아무것도 없다. 판단하는 자나 판단받는 대상이나 모두 끊임없이 변하고 움직이기 때문이다.

우리는 존재와 어떤 소통도 하지 못한다. 인간의 본성은 항상 탄생과 죽음 사이에 있고, 자신의 모호한 외양과 그림자 그리고 불확실하고 보잘것없는 의견만 내놓을 수 있기 때문이다. 만약 당신이 생각을 확정하고 그 존재를 잡으려 한다면, 흐르는 물을 움켜쥐려는 것과 다를 바 없을 것이다. 왜냐하면 본성상 늘 흘러내리는 것을 아무리 꽉 움켜잡더라도 잡았다고 생각한 것은 다 빠져나가 버릴 테니까. 이처럼 만물은 하나의 변화에서 다른 변화로 넘어가게 마련이라, 이성은 거기서 진정한 실체를 찾으려다 스스로 실망하게 된다. 만물은 존재하면서도 아직 존재에 도달하지 못했거나,

태어나기도 전에 죽어 가기 시작하기 때문이다.

[2권 12장 「레몽 스봉의 변명」]

내전 때 방어하지 않은 몽테뉴의 집

뭐든 잘 지키면 그걸 뜯고 열어젖혀 내용물을 훔치려 시도하게 된다. 경계하면 할수록 공격하려는 마음이 생기게 마련이다. 모험에 쓸모 있는 것은 뭐니뭐니 해도 내전에서 내 집을 지키는 수단이다. 수비는 공격 시도를 끌어들이고 불신은 공격을 끌어들인다. 나는 병사들에게서 그들이 자격과 구실로 삼는 군사적 영광의 위험 요소와 소재가 될 만한 것을 일체 박탈해 그런 걸 쌓으려는 의도를 약화시켰다. 정의가 사라진 이 시대에 용감하게 시도한 일은 항상 명예로운 일로 여겨졌다. 나는 병사들이 비겁하고 악랄하게 우리 집을 점령할 시도를 하도록 내버려 두었다. 집은 문을 두드리는 누구에게나 열려 있었고 안에는 격식을 잘 지키는 오래된 문지기뿐이었는데, 그도 문을 지킨다기보다는 더 예의 바르고 정중하게 문을 열어 주려고 있는 것이었다. 평소 지킴이나 보초라고는 날 호위하는 별뿐이었다.

어떤 귀족이 방비가 완벽하지 않은데 그것을 과시하려 한다면 잘못이다. 한 군데라도 열려 있으면 곳곳이 열려 있는 셈이다. 우리 조상들은 절대 요새를 만들 생각을 하지 않았다. 우리 집을 습격하는 방법(포병도 군대도 없이 말이지만)은 나날이 방어하는 방법 이상으로 늘어나고 있다. 사람들의 정신은 보통 방어 쪽으로만 날카롭게 쏠리기 마련이다. 집에 침입할 생각은 누구나 한다. 하지만 방어는 그렇지 않다. 오직 부자만 방어할 생각을 한다. 우리 집은 지어진 시대가 시대인 만큼 매우 튼튼하게 건축되었다. 나는 그쪽으로 아무것도 보태지 않았고, 더 단단히 방비했다가는 오히려 그 힘이 내게로 돌아올까 걱정될 정도였다. 게다가 평화 시에는 방어 수단을 축소해야 할 것이다. 그 집을 되찾을 수 없다는 것은 위험한 일이다. 그리고 그 집을 확보하기는 어려운 일이다. 왜냐하면 내전에서는 우리 집 하인도 내가 두려워하는 당파일 수 있기 때문이다. 종교를 빌미로 한 전쟁에서는 정의라는 미명을 내세우니 혈육조차 믿을 수 없다. 공적 재정이 개인 수비대까지 책임져 주지는 않는다. 그러다간 재정이 바닥날 것이다. 자기 스스로 수비대를 가지려 하다간 망할 수밖에 없고, 좀 더 불편하고 모욕적으로 말한다면 민족 전체가 망하고 말 것이다. (……)

그렇게 잘 지켰던 집들은 폐가가 된 반면 우리 집은 아직 버티고 있는 것을 보면, 워낙 잘 지킨 탓에 그렇게 무너진 게 아닌가 싶다. 지나친 방어는 공격하는 사람에게 그 이유와 구실을 제공한다. 모든 방어는 전쟁의 얼굴을 하고 있다. 내가 하느님의 비호를 받는 사람도 아니니 누구든 우리 집을 공격할 수 있다. 하지만 결코 그 공격을 불러들일 생각은 없다. 우리 집은 내가 전쟁을 피해 숨어들 곳이다. 내 마음속의 한구석을 잘 지키듯 나는 이 시골구석까지 분란이 미치지 않게 하려고 노력한다. 우리의 전쟁이 형태를 바꾸고 잦아지고 새로운 당파가 속속 생겨난다 해도 나는 꿈쩍도 하지 않는다. 무장한 집이 그렇게 많아도, 프랑스에서 나 같은 조건에 있는 사람 중에 나만 우리 집을 온전히 하늘이 지켜 주리라 믿는다. 그리고 은수저도, 팻말도 결코 치우지 않았다. 나는 두려워하지도 않고 내뺄 생각도 하지 않는다. 충분히 감사하는 마음으로 하느님의 은총을 받는다면 우리 집은 끝까지 살아남을 것이다. 그렇지 않다 해도 나는 특기할 만하고 기록될 만한 가치가 있을 만큼 오래 버텨 왔다. 얼마나? 30년 동안.

[2권 15장 「우리의 욕망은 난관에 봉착하면 더욱 커진다」]

사실 정신의 영향에 관해 내게서 만족할 만한 답이 나올 일은 전혀 없다. 그리고 남들이 동의한다 해도 전혀 보상이 되지 않는다. 내 판단력은 나약하면서도 엄격하다. 특히 나 자신을 판단할 때 더욱 그렇다. 나는 약점 때문에 흔들리고 기가 꺾이는 것을 느낀다. 나는 내 판단력을 만족시킬 그 무엇도 갖고 있지 않다. 나의 시각은 뚜렷하고 표준적이다. 하지만 진지한 작품에 달려들면 곤란하고 침침해진다. 시詩에서 가장 명백히 그러하다. 나는 시를 한없이 좋아한다. 남의 작품을 볼 때는 나름 통찰력도 있고 아는 바도 있지만, 직접 시를 쓰려고 하면 어린애가 되어 버린다. 그럴 때는 나 자신을 도저히 참아 낼 수 없다. 사람은 다른 어디에서나 어리석게 굴 수 있지만 시에서는 그럴 수 없다. (……)

　나는 내가 이미 짜 놓은 것보다 더 나은 형태를 보여 줘야지 하는 생각을 늘 마음속에 품고 있었다. 하지만 나는 그런 형태를 잡을 수도, 이용할 수도 없었다. 그 생각은 더 미천한 도장밖에 받지 못했다. 거기서 내가 얻은 결론은 옛 시대의 풍부하고 위대한 인물들이 내 바람과 상상의 극한을 훨씬 넘어서 있다는 것이다. 그들의 작품은 나를 만족스럽게 채워 줄 뿐만 아니라 놀랍고 감탄스럽다. 나는 그 아름다움을 판단하고 그 것을 본다. 끝까지는 아니더라도, 내가 그것을 열망할 수 있는 한에서. 내가 하려는 것이 무엇이든 (플루타르코스가 누군가에게 말했듯) 미美의 여신들의 마음에 들기 위해서는 여신들에게 희생을 바쳐야 한다.

그러나 여신들은 곳곳에서 날 저버린다. 내가 하는 일은 어설프기만 하며, 점잖음과 아름다움이 부족하다. 내가 다듬는다고 소재가 더 우아해지는 것은 아니다. 그런 이유로 나는 강력하고 꽉 붙들 수 있고 스스로 빛나는 소재를 가져야 한다. (……)

게다가 내 언어는 능란하지도 세련되지도 않고 오히려 거칠고 날카로우며 제멋대로에 들쑥날쑥한 경향이 있다. 하지만 그런대로 내 맘에 든다. 이는 내 판단이 아니라 성향에 따른 것이다. 하지만 때로는 너무 그쪽으로 파고들어 억지로 장식과 가식을 피하다 보니 다른 방식으로 거기에 빠져드는 걸 느낀다.

[2권 17장 「교만에 대하여」]

아름다운 용모

○

사람들 사이의 만남에서 아름다운 용모는 매우 찬사를 받는 부분이다. 사람들이 서로 화해할 때도 아름다움은 제일의 수단이 된다. 미의 달콤함에 흔들리지 않을 만큼 야만적이고 무정한 사람은 없다. 몸은 우리 존재의 큰 부분을 차지하며 특별한 지위를 점한다. 그러니 몸의 구조와 구성 요소는 숙고해 볼 만한 가치가 있다. 우리의 주요한 두 부분(영혼과 육체)을 따로 떼어 구분하는 것은 잘못이다. 반대로 이 두 부분을 잘 합쳐야 한다. 자신의 일부를 떼어 내지도 않고 따로 챙기지도 않고, 육체를 멸시하고 버리지도 않고(이렇게 하려면 가짜로 속임수를 쓰는 수밖에 없다), 반대로 육체를 포용하고 아끼고 돕고 바로잡고 설득하고 충고하고, 혹시 동요하거나 샛길로 빠지면 다시 끌어오고 방향을 제시하도록 영혼에게 명령해야 한다. 결국 영혼이 육체의 짝 노릇을 하여 그 결과가 상반되고 분열되는 게 아니라 일치하고 균일해지도록 해야 한다. 그리스도교인은 이 결합에 대해 특별한 가르침을 받는다. 신자는 하느님의 정의正義가 이 영혼과 육체의 결합을 포용해 육체가 영원한 보상을 받을 수 있게 한다는 사실을 알기 때문이다. 하느님은 인간의 이런저런 행동을 다 지켜보며 그 공과에 따라 상이나 벌을 준다는 사실을.

소요학파(모든 학파 중에 가장 사교적인 학파)는 이 유일한 보살핌이 영혼과 육체를 서로 이어서 그 결과로 선하게 만드는 지혜 덕분이라고 본다. 그리고 다른 학파들은 지나치게 편파적이라고 선언한다. 왜냐하면 이와 같은 혼용을 충분히 생각하지 않은 탓에 똑같은 오류에 빠져 어느 학파는 육체를, 어느 학파는 영혼을 우선시하기 때문이다. 그로 인해 인간이라는 주제 그리고 보통 인간의 안내자라고 인정받는 본성에서 멀어진다.

인간 사이에 있었던 최초의 구분과 누군가에게 다른 사람보다 높은 자리를 부여하던 최초의 배려는 아마도 아름다운 용모의 이점에 따른 일일 터다.

[2권 17장 「교만에 대하여」]

나는 쾌활하고 튼튼할 정도로 건강하며 나이를 먹어
도 병치레를 거의 하지 않았다. 마흔이 넘어 노년이 가
까워 오는 지금까지도 그렇다. (……)

　앞으로 나는 반쪽의 존재에 지나지 않을 것이며,
더 이상 나 자신도 아닐 것이다. 나날이 퇴행하고 점점
쇠약해질 것이다. (……)

　명민하고 능숙한 기질을 가져 본 적은 없지만, 나
는 매우 쾌활하고 활동적인 성향을 아주 고령까지 유
지했던 성품이 훌륭한 아버지의 아들이다. 신체 단련
으로 이런 조건을 갖춘, 아버지에게 필적할 만한 다른
사람은 없었다. 내가 중간쯤은 되는 달리기 말고는 나
를 이기지 못하는 사람을 거의 본 적이 없는 것과 마찬
가지로 말이다. 음악에서는 성악을 하기에 내 목소리
가 아주 부적합하고 기악에도 소질이 없어 어느 분야
에서고 제대로 가르침을 받을 수 없었다. 무용, 테니스,
레슬링으로 말하자면 그저 그런 수준을 넘어서지 못하
고, 수영, 펜싱, 높이뛰기, 멀리뛰기는 전혀 못한다. 손

은 둔하고 뻣뻣해 나를 위해 글을 쓰기도 힘들다. 그래서 예전에 써 두었던 것을 힘들여 고치느니 차라리 새로 쓴다. 그렇다고 읽기가 더 나아지는 것도 아니다. 내 말을 듣는 사람들이 나를 얼마나 탓하는지 느껴진다. 그것만 아니라면 나도 나쁘지 않은 학자다. 나는 편지도 아주 깔끔하게 접지 못하고 펜촉도 잘 깎지 못한다. 식사 때는 고기도 잘 못 썬다. 말에 안장도 얹을 줄 모르고, 주먹에 매를 멋지게 앉히거나 날려 보내지도 못하고, 개나 새나 말에게 말도 붙이지 못한다. 결국 내 신체적 조건은 영혼의 조건과 아주 잘 맞아떨어진다. 활기는 전혀 없지만 완벽하고 견고한 열의는 있다. 나는 힘든 일과 고통을 잘 견디지만, 내 의지로 내가 하고 싶어서 하는 경우가 아니라면 별로 잘하지 못한다. (……)

그것이 아니라면, 어떤 쾌락 때문이 아니거나 순수한 자유 의지 말고 다른 동기가 있는 거라면 그런 일은 할 만한 가치가 전혀 없다. 왜냐하면 나는 건강과 생명을 위해서가 아니면, 굳이 조바심을 내거나 속을 썩이거나 강요당하면서까지 얻고자 하는 것이 전혀 없기 때문이다. (……)

나는 자유롭고 온전하게 제멋대로 하는 마음을 가지고 있다. 마음의 기질을 따르는 데 익숙해져 있고, 지금까지 억지로 이래라저래라 하는 사람도 없이 스스로 가장 만족스러운 속도로 꾸준히 걸어왔다. 그래서 점점 약해지고 남에게는 전혀 도움이 되지 않으며 오직 나 자신에게만 유용한 사람이 되었다. 이렇게 게으른 것은 타고난 성향이라 억지로 발휘할 필요도 없다. 태어나면서부터 그랬으니 그 상태에서 멈출 수밖에. 잠을 못 잘 정도였던 열정은 없어졌지만, 최소한 뭘 골똘히 생각하느라 잠 못 이루는 경우는 있다.

[2권 17장 「교만에 대하여」]

○ 그릇됨

지금 신봉되는 가장과 숨김이라는 새로 발견된 미덕에 관해 말하자면, 나는 무엇보다도 그것을 싫어한다. 모든 악덕 중에 마음의 비열함과 비천함을 이토록 여실히 입증하는 것은 없다. 사람이 가면을 쓰고 가장해 자신을 숨기는 것, 있는 그대로의 모습을 드러내지 못하는 것은 비겁하고 비열한 기질이다. 그런 것으로 지금 사람들은 배신하는 훈련을 받는다. 그릇된 말을 내뱉도록 길들여진 그들은 이미 뱉은 말을 취소할 만한 양심도 없다. 마음이 너그러운 사람은 자기 생각을 속이지 말고 깊은 속을 드러내 보여야 한다. 마음속의 모든 것은 선하거나 적어도 인간적이다.

아리스토텔레스는 공공연히 미워하고 사랑하는 것, 자유롭게 판단하고 말하는 것 또 진실을 걸고 남의 동의나 비난을 평가하지 않는 것이 마음이 넓은 사람의 책무라고 생각한다. 아폴로니오스는 거짓말은 노예나 하는 것이며 진실을 말하는 것이 자유인의 일이라고 했다. 진실은 미덕의 주요하고 근본적인 측면이다.

진실은 그 자체로서 사랑받아야 한다. 진실을 말해야만 해서 그리고 진실을 말하는 게 자신에게 도움이 되어서 진실을 말하고, 남이 연루되지 않을 땐 거짓말하기를 두려워하지 않는 사람은 진실한 자가 아니다. 내 마음은 기질상 그릇됨을 질색하고 생각하기조차 싫어한다. 나는 어느 때고 가끔 예상치 못한 상황이 찾아와 그릇된 말을 하게 되면 속으로 부끄러움과 뜨끔한 양심의 가책을 느낀다.

사람은 언제나 아는 것을 다 말할 필요는 없다. 그것은 어리석은 짓이기 때문이다. 말은 생각과 일치해야지, 그렇지 않으면 부정한 짓이 된다. 진실을 말할 때에도 믿어 주지 않기를 바라는 게 아니라면 끊임없이 가장하고 숨기면서 무슨 이익을 기대하는 건지 모르겠다.

[2권 17장 「교만에 대하여」]

기억

기억이란 매우 유용한 수단으로, 그것 없이는 판단이 제 역할을 거의 하지 못한다. 나는 기억력이 완전히 결여되어 있다. 누가 내게 제안할 게 있다면 조금씩 나눠서 해야 한다. 주제가 여럿인 담론에 답하는 것은 내 능력 밖의 일이기 때문이다. 나는 필기용 탁자가 근처에 있을 때 말고는 과제를 받을 수 없다. 꽤 긴 분량의 어떤 중요한 담화를 해야 할 때는 말해야 하는 단어를 모두 외워야 한다는 이 비열하고 알량한 필요성에 쫓기게 된다. 그렇게 하지 않으면, 가장 필요할 때 기억이 안 나서 실수할까 두려워 발표를 제대로 못하거나 할 엄두도 내지 못할 것이다. 하지만 이것도 내게는 너무 힘든 일이다. 시구 세 줄을 외우는 데 족히 세 시간은 걸릴 테니까. 게다가 어떤 긴 담화에서든 순서를 바꾸고 단어를 고치며 끊임없이 사안을 변경할 자유나 권한을 행사하기 때문에 기억하기가 더욱 어려워진다.

그런데 내가 기억을 믿지 않을수록 기억력은 더욱 나빠진다. 우발적인 것이 나에겐 기억에 더 도움이 된다. 느긋하게 기억을 떠올리려 해야 한다. 재촉할수록 기억은 놀라 버리니까. 그리고 일단 흔들리기 시작하면 깊이 파고들수록 더 얽히고 복잡해지니까. 기억은 내가 원할 때가 아니라 자기가 준비되었을 때 나에게 올 것이다.

나는 내 기억에서 느끼는 것을 나의 다른 많은 부분에서도 느낀다. 나는 명령하거나 의무를 지거나 강요당하는 일을 삼간다. 내가 편하고 자연스럽게 하던 일도 명시적이고 규정된 지시를 받으면 더 이상 할 수 없게 된다. 내 몸조차 자유와 좀 더 특별한 권한을 가지고 움직이는 기관은 어느 때 필요한 도움을 달라고 정하고 명하면 복종을 거부할 때가 있다. (……)

생각이 다른 데로 쏠린 사람은 자기가 늘 걷는 거리를 거의 한 치의 오차도 없이 똑같은 걸음 수와 속도를 지키며 걸을 것이다. 하지만 그가 애써 주의 깊게 그 숫자나 속도를 세거나 재 본다면, 그건 자연스럽고 우연한 일로 일부러 그렇게 정확히 할 수는 없다는 사실을 알게 될 것이다.

내 서재(시골집의 서재치고 아주 잘 갖춰진)는 우리 집 한구석에 자리하고 있다. 어떤 생각이 문득 떠올라 서재에 가서 찾아보거나 적어 둬야 할 때면 나는 혹시 마당을 지나다 잊어버릴까 두려워 다른 사람에게 그것을 맡겨 두고 싶어진다. 만약 대화 중이라면 화제를 조금이라도 딴 데로 돌렸다간 핵심을 놓치고 만다. 그래서 이야기할 때는 억지로라도 그걸 기억하고 있는다. 우리 집 하인들을 나는 직분이나 고향으로 불러야만 한다. 이름을 일일이 기억하기가 너무 힘들기 때문이다. 이름이 세 음절이라거나 발음이 거칠다거나 어떤 글자로 시작하거나 끝난다고는 말할 수 있다. 내가 혹 오래 산다면, 다른 사람들이 그랬듯 내 이름조차 잊어버리지 않을까 의심스럽다.

[2권 17장 「교만에 대하여」]

아무리 거칠고 비참한 영혼이라도 거기에서 빛나는 어
떤 특별한 기능이 보이지 않는 경우는 없다. 그리고 아
무리 깊이 파묻혀 있는 영혼이라도 어느 끝이든 날카
롭게 튀어나와 있지 않은 경우는 없다. 어떻게 다른 것
에는 눈먼 듯 잠든 듯 둔감한 영혼이 어떤 특별한 효
과에 대해서만은 생생하고 명확하고 탁월할 수 있는
지 대가들에게 물어볼 일이다. 하지만 아름다운 영혼
은 보편적이고 개방적이며 뭐든 준비가 되어 있어, 교
육을 받지 않았더라도 적어도 가르칠 수는 있는 영혼
이다. 이는 내 영혼을 탓하기 위해 하는 말이다. 왜냐하
면 약해서든 무심해서든(당면한 문제에서든 실제 삶과
밀접한 문제에서든 그러한데, 이는 내 평소 신조와 아
주 거리가 먼 일이다) 여러 가지 평범한 사안에 대해 나
만큼 단순하고 무지하며 모른다는 사실을 창피해하지
않는 사람도 없기 때문이다. 그 예를 몇 가지 들어 보
겠다.

　나는 농사짓는 시골에서 태어나고 자랐다. 그래서

내가 지금 누리는 재산을 소유했던 사람들이 그 자리를 물려준 이후로 내가 사업과 살림을 도맡아 하고 있다. 그런데 나는 수판으로도 수기로도 계산을 할 줄 모른다. 우리가 쓰는 동전의 종류도 대부분 모르고, 특징이 확 드러나지 않으면 땅에 심은 것이든 곳간에 보관된 것이든 낟알을 구분하지 못한다. 우리 집 마당에 심은 양배추와 상추도 마찬가지다. 나는 집안 살림에 쓰이는 기본 도구의 이름도 모를 뿐만 아니라 아이들도 아는 농사의 기본 원칙도 모르고, 기계 기술이나 유통이나 상품 관련 지식은 더더욱 모른다. 과일이나 포도주나 고기의 종류가 얼마나 다양한지, 새를 어떻게 길들이는지, 아픈 말이나 개를 어떻게 치료하는지도 모른다. 전부 다 창피한 일이다. 한 달도 안 된 일인데, 효모가 빵 반죽을 부풀리는 데 쓰인다는 것과 무엇이 포도주를 발효시키는지 내가 모른다는 사실에 남들이 깜짝 놀랐다.

[2권 17장 「교만에 대하여」]

○   **건강**

건강은 소중한 것이며 시간뿐 아니라 땀과 노력과 돈
과 생명까지 쏟아 추구할 만한 유일한 것이다. 건강하
지 못하게 사는 건 괴롭고 모욕적일 테니까. 관능과 지
혜와 지식과 미덕도 건강 없이는 빛바래고 스러져 버
린다. (……) 물론 나는 건강처럼 견고하고 육체적이고
본질적인 쾌락을 상상 속의 영적이고 공허한 쾌락과
바꿀 만큼 가슴이 그렇게 부풀지도 바람이 들지도 않
았다. 명성이나 영광은 설령 그 가치가 복통을 세 번 겪
는 수고밖에 안 된다 해도, 나 같은 기질인 사람에겐 대
단히 비싼 값에 얻어 들이는 것이다. 건강은 신이 내린
것!

[2권 37장 「자녀와 아버지의 닮음에 대하여」]

여러 기질이 섞인 인간

우리는 공적으로나 사적으로나 불완전한 것으로 이뤄져 있다. 그렇지만 자연에는 불필요한 것이 없고 쓸모없다는 개념 자체가 없다. 우주 만물이 모두 적재적소에 자리하고 있으며 불쑥 끼어든 것은 아무것도 없다. 우리의 존재에는 야망, 질투, 선망, 복수, 미신, 절망 등 사악한 기질이 덕지덕지 붙어 있다. 이것이 우리 안에 자연스럽게 자리 잡고 있으며, 이런 모습은 동물도 마찬가지다. 뿐만 아니라 본성에 아주 위배되는 악덕인 잔인함도 그러한데, 우리는 남이 고통받는 것을 보면 연민을 느끼면서도 속으로 일종의 달콤새콤한 악의적 관능을 느끼기 때문이다. 아이들도 그렇다. (……)

이런 기질의 씨앗을 아예 없애려는 사람이 있다면 우리 삶의 기본 조건까지 망치게 될 것이다. 마찬가지로 통치행위에는 비열할 뿐 아니라 사악한 일도 필요하다. 악덕도 거기에 한자리를 차지하고 우리의 관계를 짜는 역할을 한다. 이는 우리 건강을 지키는 데 독이 필요한 거나 마찬가지다. 이런 것이 우리에게 필요한 일을 한다고 해서 용서받고 누구에게나 필요한 일이라 하여 그 진면목이 지워진다면, 옛날에 자기 나라를 구하려고 목숨을 바쳤던 이들처럼 명예와 양심을 희생할 수 있는 강하고 용감한 시민에게 그 역할을 맡겨야 한다.

우리는 더 약해서 더 수월하고 위험하지 않은 과업을 맡는다. 공공의 안녕에는 배신하고 거짓말하고 학살하는 사람도 필요하다. 좀 더 고분고분하고 잘 복종하는 사람에게 이런 역할은 넘기도록 하자.

[3권 1장 「유용함과 정직함에 대하여」]

남들은 인간을 빚는다. 나는 인간을 이야기한다. 그리고 잘못 만들어진 특정 인간을 제시한다. 내가 그 사람을 새롭게 다시 만들 수 있다면 현재 모습과는 아주 다르게 만들 것이다. 하지만 그 사람은 이미 그렇게 만들어지고 말았다. 비록 내 그림의 특징이 각양각색으로 달라진다 하더라도 잘못된 것은 아니다. 세상은 끊임없이 돌아간다. 거기에서 만물은 쉼 없이 움직인다. 땅과 코카서스의 바위와 이집트의 피라미드도 모두 마찬가지다. 불변하는 것 자체도 점점 약해지며 흔들리는 움직임일 뿐이다. 나는 나의 대상을 확신할 수 없다. 그것은 매우 불안하게 휘청거리며 술 취한 것같이 움직인다. 나는 대상을 내가 관심을 갖는 그 순간에 있는 그대로 포착한다. 나는 본질이 아니라 이행 과정을 그린다. 한 시대에서 다른 시대로의 이행이나 사람들의 말처럼 7년에서 다음 7년으로의 이행이 아니라 매일 매 순간의 이행이다. 내 이야기는 그때그때 시간에 맞춰져야 한다. 나는 운만이 아니라 의도에 의해서도 금세

변할 수 있다. 그건 각양각색의 가변적인 사건이나 잡다한 상상 그리고 때때로 상반되는 것에 대응하는 것이다. 내가 바뀌어 다른 내가 되든지 전혀 다른 상황에서 다른 시각으로 대상을 파악하는 것이다. 그렇더라도 난 어쩌면 스스로 모순되는 말을 하는 건지도 모른다. 하지만 데마데스의 말처럼 나는 결코 진실을 부정하지는 않는다. 내 영혼이 뿌리 내릴 수만 있다면 나는 자신을 문제 삼는 시도만 하는 것이 아니라 아예 결단까지 내릴 것이다. 내 영혼은 여전히 배우는 과정에 있으며 시험 과정에 있다.

나는 보잘것없고 광나지 않는 삶을 제안한다. 다 매한가지다. 우리는 도덕철학 전체를 좀 더 풍요롭게 구성된 삶뿐만 아니라 공적인 삶과 사적인 삶에도 결부시킬 수 있다. 사람은 저마다 인간 조건의 형태를 고스란히 갖고 있기 때문이다. (……) 악덕은 육신의 궤양처럼 영혼에 후회를 남긴다. 영혼은 항상 스스로를 긁어 피가 나게 만든다. 이성은 다른 슬픔과 고통을 다 없애지만 후회의 슬픔만은 불러일으키는 법이니까. 후회의 슬픔은 내부에서 오는 것이라 더 극심하다. 이는 열병으로 인한 오한이 밖에서 오는 추위와 더위보다 더 고통스러운 것과 마찬가지다. (……)

　마찬가지로 선善은 태생적으로 정직한 본성을 기껍게 생각하기 마련이다. 뭔지 모르지만 우리 자신을 기쁘게 하는 선함을 뿌듯해하는 마음과 양심에 동반되는 너그러운 자부심이 있다. 용감하게도 사악한 영혼은 안전하다 자부하지만 이런 자족적인 기쁨과 만족은 느끼지 못할 것이다. 이렇게 부패한 시대에 자기는 오염되지 않았다고 느끼며 이런 혼잣말을 하는 사람의 기쁨은 절대 가볍지 않다. "내 마음속을 환히 들여다볼 수 있는 사람이라면 누군가의 고통과 파산도, 복수와 선망도, 법을 공공연히 어긴 일도, 새로운 것에 심취하거나 소동을 벌이는 일도, 말실수도 내 잘못이라고 보지 않을 것이다. 그리고 방종한 시대라 누구든 그래도 된다고 허락하고 가르치는 일이지만, 나는 어느 프랑스인의 재물이나 지갑도 건드린 적이 결코 없고, 전시에나 평화 시에나 내가 가진 것만으로 살아왔으며, 누구의 노동도 대가 없이 착취한 적이 없다." (……)

　우리를 갑자기 덮치는 악덕, 격정 때문에 어쩔 수 없이 저지르게 되는 악덕을 딱 잘라 부정할 수도 있다. 하지만 오랜 습관에 의해 강한 의지로 악덕이 뿌리 깊이 박힌 사람은 이런 모순에 좌우되지 않는다. 후회란 우리 의지를 부인하고 우리를 이리저리 헤매게 하는 변덕에 맞서는 것일 뿐이다. 후회 때문에 지난날의 미덕과 절제를 부정하게 된다. (……)

타고난 기질은 어쩔 수 없다. 사람들이 그걸 감출 뿐이다. 라틴어는 내게 아주 자연스러워 프랑스어보다 더 잘 구사한다. 하지만 난 지난 40년 동안 라틴어를 쓰지 않았다. 평생에 두세 번 경험한 일이지만, 어떤 갑작스럽고 격한 감정을 느꼈을 때─한번은 정정하시던 아버지가 혼절해 내 쪽으로 쓰러지는 걸 봤을 때인데─나도 모르게 튀어나오는 첫 말은 언제나 라틴어였다. 본성은 오랜 관습을 역행해 억지로라도 튀어나와 이렇게 자기표현을 한다. (……)

우리의 경험이 어떻게 흘러가는지 좀 보라. 자신에게 귀를 기울여 보면 누구나 자기 안에서 기교와 교육에 맞서, 역행하는 격정의 폭풍에 맞서 싸우는 특정한 형체를 발견하게 된다. 하지만 그토록 여러 번 반복되고 계획되고 숙고된 혹은 체질화되고 전문적이며 천부적인 다른 죄악의 경우, 나는 그런 죄악을 지닌 사람의 이성과 양심이 계속 그것을 바랐기에 그렇게 오랫동안 동일한 결단을 하며 그 사람의 마음속에 눌러앉아 있었다고는 생각할 수 없다. 그리고 그런 사람이 어느 순간 후회하는 마음이 들었다고 자랑하는 것을 상상하거나 그려 보기가 좀처럼 힘들다.(……)

만약 사람의 삶이 헌신에 맞춰져 있지 않다면 나는 헌신만큼 위조하기 쉬운 특질은 없다고 본다. 헌신의 본질은 난해하고 불가사의하며 그 외관은 꾸미기 쉽고 휘황찬란하다.

나로 말하자면, 일반적으로 지금과 다른 사람이 되길 바랄 수도 있다. 나는 나의 보편적인 모습을 비난하고 싫어할 수도 있고, 나를 완전히 딴사람이 되게 해 달라고, 타고난 약점을 용서해 달라고 신에게 간청할 수도 있다. 하지만 이런 것을 후회라 불러서는 안 될 것같다. 단지 내가 천사도 카토도 아니라는 게 불만일 뿐이다. (……)

나이 든 지금과 젊은 시절의 행동을 비교해 보면, 줄곧 내 나름대로는 일관성 있게 행동해 왔던 것 같다. 이것이 내가 반항심으로 할 수 있는 전부다. 자랑하는 것이 아니다. 이런 상황이 또 오더라도 난 마찬가지로 할 것이다. 나를 물들이는 건 얼룩이 아니라 전체적인 염색이다. 나는 피상적이고 어중간하며 겉만 번지르르한 후회는 모른다. 후회라 칭하려면, 그 전에 온몸이 떨리고 하느님이 날 보시듯 애끊는 아픔과 깊고도 보편적인 고통이 느껴져야 한다. (……)

게다가 나는 나이가 들었다고 느끼는 우발적인 후회는 싫다. 옛사람이 말하길 세월이 흐르니 쾌락에 빠지지 않는다고 했는데, 나는 생각이 다르다. 나이가 들어 어떠한 좋은 것에도 무덤덤해지는 것이 절대 달갑지는 않을 것이다. (……) 늙으면 입맛도 없어진다. 조금만 먹고 나면 깊은 포만감이 든다. 이 점에선 의식이 전혀 없다. 서글퍼지고 약해져 우리 마음속에 비겁하고 카타르*같이 짓무른 미덕이 새겨진다. (……)

나는 예전에 젊음과 쾌락에 정신이 팔려 있을 때도 관능에서 악덕의 얼굴을 알아보지 못한 적은 없다. 지금도 나이가 들면서 역겨움을 느껴 악덕에서 관능의 얼굴을 알아보지 못하는 경우는 없다. 지금은 더 이상 젊다고 할 수 없지만, 나는 여전히 젊었을 때처럼 판단을 한다. 주의 깊고 활기 있게 내 이성을 점검하는 내가 생각해 보면 한창 방종하고 문란했던 시절이나 지금이나 생각은 같은 것 같다. (……)

---

* 점막이 헐면서 부어오르는 염증.

만일 누군가 예전의 색욕을 이성 앞에 갖다 놓는다면 이성이 예전보다 그를 지탱할 힘이 없지 않을까 염려된다. 나는 이성을 예전과 달리 따로 떼어 놓고 판단하지 않는다. 지금 이성이 판단하는 바는 예전과 별반 다르지 않다. 새롭게 명확해진 것도 없다. 이성이 건강을 회복했다 해도 그건 어느 정도 위태로운 회복이라 하겠다. (……)

나는 건강을 누릴 수 있을 때 최대한 나를 개선하고 조절했다. 내 노년이 비참하고 불운하기 때문에 건강하고 깨어 있고 왕성했던 지난날을 선호한다면, 그건 창피하고 신경 쓰이는 일일 것이다. 사람들은 나를 과거의 모습이 아니라 어떤 면에서 지금은 그렇지 않은가로 평가한다.

그러므로 나는 임시적이고 고통스러운 개혁을 단념한다. 하느님이 우리에게 용기를 주어야 한다. 우리의 양심은 색욕의 약화에 의해서가 아니라 이성의 강화에 의해 스스로를 개선해야 한다. 관능은 눈곱이 끼고 침침한 눈으로 보는 것처럼 창백한 것도 빛바랜 것도 아니다. 우리는 하느님이 명한 바를 존중해 절도를 그 자체로 좋아해야 하며, 정조도 마찬가지다. 절도나 정조는 노력해서 얻어지는 것이 아니다. 사람은 관능의 우아함과 힘과 가장 매력적인 아름다움을 보지 못하고 알지 못하면 그것과 맞서 싸운다고 자랑할 수 없다. 나는 젊음도 늙음도 다 알기 때문에 이런 말을 할 수 있다. 하지만 늙으면 젊은 시절보다 영혼이 성가신 질병과 결함에 시달리기 쉬운 것 같다. 나는 젊어서도 남들이 턱수염도 안 난 주제에 그런 말을 한다고 핀잔을 주면 이런 말을 했다. 그리고 희끗희끗한 턱수염으로 권위가 생긴 지금도 같은 말을 한다. 우리는 까다롭게 굴고 지금 있는 사물을 염오하는 것을 지혜라 부른다. 하지만 사실 우리는 악덕을 버리지는 못하면서 고쳐 보려 한다. 내 생각에 개선하긴커녕 더 악화시키면서도 말이다. 게다가 일종의 쓸데없는 자부심, 지루하고 짜증스러운 잡담, 까다롭고 비사교적인 기질, 미신 그리고 이미 사용할 수도 없는 부에 대한 어리석은 염려 말고도 노년에 더 많이 보이는 것은 시기, 불의, 악의다. 그래서 우리 이마보다 정신에 더 많은 주름살이 생긴다. 그렇기에 늙어가면서 시큼해지고 곰팡내를 풍기지 않는 영혼은 아예 없거나 드문 것이다.

[3권 2장 「후회에 대하여」]

노년

나이를 먹으면서 노화가 수많은 지인에게 매일매일 어떤 변모를 일으키는지 잘 보고 있지 않은가! 노화는 모르는 사이에 자연스럽게 몸에 퍼지는 강력한 질병이다. 늙어 가면서 우리에게 생겨나는 결함을 피하려면 무척이나 많이 연구하고 염려하고 조심할 필요가 있다. 적어도 노화가 더는 진전되지 않도록 막기 위해서는 말이다. 내가 늙지 않으려고 발버둥을 쳐도 노화가 차츰차츰 진행되는 것이 느껴진다. 할 수 있는 한 버텨 보지만 결국 어떻게 될지는 모르겠다. 어쨌든 일어날 일은 일어나겠지만, 내가 어떤 곳에서 떨어진 건지 세상이 알아 줬으면 좋겠다.

[3권 2장 「후회에 대하여」]

세 가지 교류

친구:

이 교류의 목적은 단순히 친밀함과 대화와 잦은 만남
이다. 마음의 수련으로, 그 결과는 따로 없다. 우리의
대화에서는 모든 주제가 내게 똑같다. 주제에 무게나
깊이가 없어도 상관없다. 매력과 타당성은 항상 있다.
모든 게 성숙하고 한결같은 판단으로 물들어 있고, 솔
직함과 유쾌함과 다정함이 섞여 있다. 우리 정신이 아
름다움과 힘을 보여 주는 것은 단지 법과 왕의 문제에
서만이 아니다. 사적인 대화에서도 이는 마찬가지로
드러난다. 나는 마음이 통하는 사람들을 그들의 침묵
과 미소만으로도 알아보며, 진지한 회의석상에서보다
식사 자리에서 더 잘 알아본다.

여자:

아름답고 정숙한 여자들과의 사교 모임은 내게 달콤한
교류다. (⋯⋯)

　　모든 사람의 생각을 거기다 묶어 두고 광기 어리

고 무분별한 애착으로 뛰어드는 것은 미친 짓이다. 하지만 다른 한편으로는 사랑이나 의무감도 없이 끼어들어 희극배우처럼 나이나 관습에 따른 일반적 역할을 말로만 하는 것도 안전을 도모하는 길이다. 위험할까봐 정직성이나 이익이나 쾌락을 단념하는 비겁한 자처럼 말이다. 왜냐하면 이런 행동을 하는 사람은 확실히 훌륭한 영혼을 감동시키거나 만족시키는 어떤 결실도 맺지 못하기 때문이다.

책:

사실 나는 책을 전혀 모르는 사람처럼 책을 사용한다. 나는 구두쇠가 금을 보고 즐기듯이 책을 즐긴다. 내가 마음이 내킬 때 책을 즐길 수 있다는 걸 알기 때문이며, 나의 마음은 그것을 가질 수 있는 권리만으로도 평정을 찾고 만족을 느낀다.

나는 평화 시에든 전시에든 책 없이는 여행하지 않는다. 하지만 책을 들여다보지 않고 며칠이든 몇 달이든 보내기도 한다. 조금 있다 혹은 내일 혹은 아무 때나 마음 내킬 때 책을 보자고 말하면서. 그러는 동안 시간은 흘러간다. 그렇다고 내 마음이 안 좋은 것도 아니다. 왜냐하면 이렇게 하면 놀라운 위로가 되며, 책이 내 옆에 있어 시간이 허락할 때면 언제든 즐거움을 줄 것 이라는 생각을 계속할 수 있고, 책이 내 삶에 얼마나 도 움이 되는지 이루 말할 수 없기 때문이다. 책은 내가 인 간의 긴 여정에서 발견한 최고의 휴대품이며, 나는 이 것을 갖추지 못한 이해력 있는 사람들을 몹시 딱하게 여긴다. 나는 책을 절대 놓을 일이 없기 때문에 오히려 다른 유의 여흥이라면 아무리 하찮더라도 그대로 다 받아들인다.

집에 있을 때 나는 자주 서재에 머물며, 거기에서 집안일을 한꺼번에 보기도 한다. 서재가 우리 집 위층 에 자리하고 있어 정원과 뜰과 바깥 마당이 내려다보이 고 저택의 거의 모든 공간이 다 보인다. 서재에서 나는 이렇다 할 순서나 의도 없이 그냥 이런저런 책을 뒤적 거린다. 그러다 때로는 몽상에 잠기고 때로는 이리저리 거닐며 내 몽상을 글로 적거나 받아쓰게 한다. (……)

서재는 우리 집 4층에 있다. 2층엔 개인 예배당이 있고 3층엔 침실과 그 부속실이 있는데, 혼자 있고 싶 을 때면 종종 그 방에 누워 있는다. 위에는 커다란 옷 장이 있는데 옛날엔 거기가 우리 집에서 제일 쓸데없는 공간이었다. 나는 서재에서 내 인생의 대부분과 하루의 대부분을 보낸다. 밤에는 절대 거기 있지 않는다. 바로 옆에 반지르르하게 윤을 낸 작은 방이 있는데, 겨울엔 불을 피울 수 있고 알맞은 크기의 창문도 나 있다. 그리고 내가 다른 일을 일절 못할 정도로 관리와 비용이 걱정되지 않았다면, 쉽게 양옆에 길이 백 걸음에 너비 열두 걸음 정도 되는 복도를 냈을 것이다. 모든 벽은 이미 내게 필요한 높이로 되어 있다. 모든 은둔처에는 돌아다닐 곳이 있어야 한다. 오래 앉아서 생각만 하다 보면 머리가 굳어진다. 내 정신은 저절로 깨어나지 않는다. 다리를 움직여 줘야 한다. 책 없이 공부하는 사람은 다 마찬가지다.

서재는 둥근 형태로 평평한 곳이라곤 내 책상과 의자가 놓인 자리뿐이다. 나머지 둥글게 굽은 자리에 내가 가진 모든 책이 선반에 다섯 단으로 정리되어 있는 게 한눈에 보인다. 삼면에 창문이 있는데, 그리로 멀리까지 펼쳐진 풍요롭고 탁 트인 풍경이 내다보인다. 그리고 지름 열여섯 걸음 정도 되는 빈 공간이 있다. 겨울에는 이 방에 계속 있기가 어렵다. 우리 집은 이름이 말해 주듯 언덕 위에 있는 터라 이 방은 외풍이 아주 심하기 때문이다. 그래도 외따로 떨어진 곳이라 찾아오기 좀 힘들어서 수련의 결실을 맺기에 좋고 사람들을 따돌리고 혼자 있기에도 좋아 더욱 마음에 든다. 여기가 내 자리다. 나는 여기서 내 절대적인 규칙을 세우고, 이곳을 아내나 자식이나 지인과 떨어져 나 혼자만 있을 곳으로 삼고자 한다. 다른 모든 장소에서 나는 본질적으로 혼란하고 말뿐인 권위를 가질 뿐이다. 자기 집에서 혼자 머물 장소, 즉 특별히 마음에 둔 장소나 숨어들 장소가 없는 사람은 비참한 사람이 아니겠는가.

[3권 3장 「세 가지 교류에 대하여」]

기분 전환

예전에 내 기질 때문에 심각한 불만에 빠진 적이 있었는데, 그건 심각하다기보다 정당한 불만이었다. 내가 그저 내 힘만 믿었다면, 그로 인해 나 자신을 잃어버렸을지도 모른다. 정신을 딴 데로 돌릴 강력한 기분 전환이 필요했던 나는 재주를 부린답시고 사랑을 해 보았다. 연구 삼아 한 건데 나이가 있다 보니 좀 수월했다. 사랑은 나를 위로하고 우정으로 인한 아픔에서 끌어내 주었다. 다른 모든 일에서도 마찬가지였다. 씁쓸한 생각에 사로잡혔다면 그것을 다스리고 억제하기보다 다른 일로 분위기를 바꾸는 게 더 빠르다는 걸 난 안다. 정반대의 일을 할 수 없다면 대신 다른 일을 하면 된다. 변화는 언제나 사람을 달래 주고 풀어 주고 다른 생각을 하게 해 준다. 그것을 없앨 수 없다면 거기서 빠져나와 달아나면 된다. 나는 꾀를 쓴다. 장소와 직업과 친구를 바꾸고 다른 생각과 여흥을 즐기는 사람들의 무리에 휩쓸려 자신의 자취를 잃고 헤매는 것이다.

[3권 4장 「기분 전환에 대하여」]

노년기의 지나친 엄격함

○

나이가 들자 지나치게 나를 꾸짖고 가르치고 훈계하게 된다. 예전에 과도하게 유쾌했던 나는 지금 과도한 엄격함에 빠져 있다. 더 짜증을 잘 내고 까다롭게 군다는 말이다. 그래서 이제 일부러 어느 정도 음란한 욕망이 들어도 그러려니 하고, 방자하고 젊은 생각에 자리를 내주며 마음을 쉰다. 나는 이제 지나치게 안정되어 너무 육중하고 노숙해졌다. 나이가 드니 날마다 더 냉정해지고 절제하자고 훈계하게 된다. 내 몸은 무질서를 피하고 두려워한다. 이젠 몸이 마음을 개조하도록 지시한다. 또한 더욱 혹독하고 고압적으로 통제한다.

육체는 한시도 쉬지 않고 내게 죽음과 인내심과 통회를 가르친다. 예전에 나 자신에게 쾌락을 금했다면, 이제는 절제를 삼간다. 절제가 나를 너무 뒤로 끌어당겨 나는 심지어 어리석어지기까지 했다. 이제는 모든 면에서 내가 자신의 주인이 되고 싶다. 지혜도 때론 지나친 법이라 어리석음만큼이나 절제가 필요하다.

[3권 5장 「베르길리우스의 시구에 대하여」]

○ **건강**

우리의 대가들이 정신의 놀라운 작동 원인을 탐구하면서도 그것을 신성한 격분, 사랑, 전쟁 같은 격렬함, 시, 음주 탓으로만 돌리고 건강 탓으로는 돌리지 않은 것은 비난할 만한 일이다. 예전에 간헐적으로 봄 같은 젊음과 안정이 내게 주었던 것과 같은 젊고 활기차고 충만하고 게으른 건강 말이다. 그 쾌활함의 불 덕에 우리 마음속에 타고난 광휘를 넘어서는 선명하고 환한 불꽃이 활활 타오른다. 그리고 가장 열렬하게는 아니더라도 활활 불타는 열정이나 영감에 우리가 자연스레 끌리는 것도 마찬가지다.

[3권 5장 「베르길리우스의 시구에 대하여」]

나는 경쾌하고 호의적인 신중함을 좋아하며, 거칠고
엄격한 행동은 싫어한다. 퉁명스럽고 고집스러운 표정
은 의심스럽기 때문이다. (……)

　미덕은 기분 좋고 유쾌한 자질이다. 내 글이 너무
자유분방하다고 얼굴을 찌푸릴 사람이 없다는 걸 나는
잘 안다. 그들의 생각이 분방하다고 내가 얼굴을 찌푸
릴 이유가 없는 것과 마찬가지다. (……)

　나는 고집스럽고 음울한 정신을 싫어한다. 이런 정
신은 삶의 기쁨을 그냥 흘려보내고 굳이 불행한 일에
매달려 그것만 들이판다. 매끈한 물체에는 달라붙지 못
하고 우둘투둘한 데만 매달리는 파리, 또 가장 나쁜 피
만 쏙쏙 빨아내는 부항단지처럼 말이다. 나는 할 수 있
는 말은 뭐든 과감히 하자고 결심했다. 생각을 공개적
으로 말할 수 없다는 건 불쾌한 일이다. 내 행동과 조건
중 최악인 것조차 나에게는 너무도 추하고 비겁해 감히
입 밖에 낼 수 없을 정도로 추하게 보이지는 않는다.

[3권 5장 「베르길리우스의 시구에 대하여」]

나는 욕심스럽게 나를 알리고자 한다. 그것이 진실이
기만 하다면 얼마나 알리든 상관없다. 좀 더 잘 표현
하자면 난 아무것도 갈망하는 게 없지만 내 이름을 우
연히 알게 된 사람들에게 오해받는 건 죽을 만큼 싫다.
(……)

　왜 생식生殖 행위는 너무나 자연스럽고 필요하고
정당한 일인데도 수치심 없이는 감히 입 밖에 낼 수조
차 없고, 진지하고 점잖은 담화에선 제외되는 것일까?
우리는 훔친다, 죽인다, 배반한다는 말을 대담하게 입
밖에 낸다. 그런데 이런 행위는 소리 내어 말하지 못하
고 입안에서만 우물거릴 뿐이다. 그런 말을 더 적게 할
수록 우리의 생각을 더 잘 감출 수 있단 말인가?

　가장 덜 사용되고 글로 가장 덜 쓰이고 가장 잘 감
춰진 말이 누구나 이해할 수 있는 말이라는 건 분명하
다. 어떤 연령층에서든 어떤 풍습에서든 빵이란 말과
마찬가지로 그 말을 모르는 사람은 없다. 그리고 생식
행위는 대부분의 관습에서 거의 입에 올리지 않는다.

그런 말은 굳이 표현되지 않아도, 목소리나 형태가 없어도 각자에게 각인된다. 그것은 우리가 침묵의 관할하에 둔 행위이며, 그것을 끄집어내면 범죄가 된다. 심지어 비난하거나 판단하기 위해서라도 말이다. 그것을 에둘러 표현하는 경우가 아니면 감히 비판할 수도 없다.

[3권 5장 「베르길리우스의 시구에 대하여」]

결혼

나는 미모와 정욕에 이끌려 성사된 결혼만큼 빨리 실패하고 문제를 일으키는 결혼을 본 적이 없다. 결혼에는 좀 더 탄탄하고 지속적인 토대가 필요하며, 좀 더 신중하게 진행되어야 한다. 끓어넘치는 혈기는 결혼에 아무런 쓸모도 없다. (……)

좋은 결혼은(그런 것이 있다면) 사랑에 따른 동반과 조건을 거부한다. 그것은 오히려 우정의 조건을 보여 주려 노력한다. 좋은 결혼이란 꾸준히 상대방의 곁에 있으며 한없이 유용하고 지조와 믿음과 견고한 봉사와 상호 간의 의무로 충만한 인생의 온화한 공동생활이다. 결혼의 이점을 맛본 여자라면 누구나 남편의 정부나 여자 친구의 지위에 머물길 바라지 않을 것이다. 아내로서 남편의 사랑을 받고 있다면, 그녀는 훨씬 더 명예롭고 확실한 지위에 있는 셈이다.

[3권 5장 「베르길리우스의 시구에 대하여」]

그들의 언어는 전적으로 자연스럽고 한결같은 힘으로
충만하며 풍성하다. 그것은 꼬리뿐만 아니라 머리, 배,
발까지 전부 경구驚句다. 억지가 전혀 없고 늘어지는 것
도 없다. 모든 것이 똑같이 고르게 나아간다.

　전체 구성이나 텍스트는 남자다워서 미사여구의
꽃으로 장식하지 않는다. 그것은 힘없거나 비공격적인
웅변이 아니다. 단지 공격적이지 않을 뿐이다. 그것은
민감하고 단단하며, 단지 정신을 채워 주고 황홀하게
해 주기에 마음에 드는 것만이 아니다. 이렇게 생생하
고 깊이 있고 훌륭한 표현 형식으로 잘 설명한 것을 나
는 잘된 말이 아니라 잘된 생각이라고 한다. (……)

　훌륭한 재치를 잘 다루고 구사하면 언어에 가치
가 더해진다. 언어를 혁신하지는 못할지라도 더 강력
하고 다양한 수단으로 채움으로써, 비틀고 잡아당김으
로써, 유연하게 만듦으로써 그렇게 하는 것이다. 그들
은 새로운 어휘를 가져오진 못해도 언어 자체를 풍부
하게 하고 의미와 용법에 무게와 깊이를 더하고 이례

적인 생동감을 가르친다. 그러나 한편으로는 현명하고 교묘하게 그렇게 한다. 그런 솜씨를 발휘하는 사람이 얼마나 드문지는 대부분의 동시대 프랑스 작가만 봐도 알 수 있다. 그들은 너무 대담하고 오만해 일반적인 길은 밟지 않으려 한다. 하지만 창의력과 분별력이 부족한 것이 탈이다. 그들에게서 볼 수 있는 건 괴이한 문체로 비참하게 억지로 꾸민 가식假飾뿐이다. 소재에 품격을 더하긴커녕 짓눌러 버리는 냉혹하고 터무니없는 가식. 그래서 새로운 것으로 채울 수만 있으면 그 효과는 신경 쓰지 않는다. 새로운 단어를 장악하기 위해 그들은 더 강력하고 힘 있는 일반적 단어를 버린다.

우리 언어에 소재는 충분하다고 생각하지만, 세련된 구사가 조금 부족하다. 말을 빌려 올 수 있는 풍성한 토양인 독특하고 특이한 수렵과 전쟁 용어로 구성하지 못할 말이 없기 때문이다. 그리고 옮겨 심으면 더 튼튼하게 잘 자라는 풀과 나무처럼 말의 형태도 변화를 주면 더 아름다워지고 우아해진다. (……)

글을 쓸 때 나는 누구와 같이 있는 경우가 거의 없고, 책의 내용을 떠올리지도 않는다. 혹시나 내 작업에 방해가 될까 걱정되기 때문이다. 사실 훌륭한 저자들은 지나치게 내 기를 꺾어 의욕을 떨어뜨린다. 어떤 화가는 수탉을 형편없이 그려 놓고는 자기 아이들에게 진짜 수탉을 작업실에 들여오지 못하게 했는데, 나는 곧잘 이 화가를 흉내 내 본다. (……)

이러한 내 의도에 맞게 나는 도와주거나 북돋워 줄 사람도 없는 외딴 시골의 내 집에 틀어박혀 글을 쓰는 게 편하다. 여기에서는 라틴어로 된 기도문 정도나 이해하는 사람과 대화할 일도 없고, 프랑스어를 알아듣는 사람과 대화할 일은 더욱 드물다. 아마 다른 곳에서라면 글을 더 잘 썼겠지만, 그러면 그 작품은 온전히 내 것이라고 할 수 없을 것이다. 내 작품의 주된 목적과 완성은 그게 정확히 내 것이 되는 것이다. 나는 부주의하게 글을 쓰기 때문에 글이 오류투성이인데, 우연히 범한 오류는 고칠 것이다. 하지만 내 글에 흔하고 으레 있는 것인 불완전한 점을 싹 뺀다면 그건 일종의 배신이 될 것이다.

[3권 5장 「베르길리우스의 시구에 대하여」]

노년의 사랑

사람들의 말대로 몸이 정신에 해악을 끼치는 자신의 욕구를 따르지 않아야 한다는 건 타당하다. 하지만 마찬가지로 정신도 몸에 해로운 자신의 욕구를 따르지 않아야 타당하지 않겠는가? 나를 헐떡이게 하는 다른 열정은 없다. 나처럼 특별한 직업이 없는 다른 사람들이 탐욕, 야망, 말다툼, 소송 등에 매여 지낼 때 사랑에 매여 지낸다면 훨씬 편할 것이다. 사랑은 내게 주의력, 절제, 우아함, 내 인품을 살피는 습성을 되살려 줄 것이다. 그리고 나이 들어 주글주글해지고 찌푸린 표정(일그러지고 형편없는)이 얼굴을 망치지 않게 하고, 내가 더 높은 평가를 받고 더 사랑받을 수 있는 건전하고 현명한 연구에 다시 몰두하게 하고, 내 정신이 정신 자체와 그 쓸모에 대해 절망하지 않고 다시 스스로를 일깨우게 하고, 우리 나이가 되면 일이 없고 건강이 안 좋아져 생겨나는 수천 가지 짜증스러운 생각과 우울한 걱정에서 다른 데로 생각을 돌리게 하고, 자연이 저버린 피를 상상 속에서나마 뜨겁게 되살려 주고, 파멸을 향

해 질주하는 가엾은 사람의 축 처진 턱을 받쳐 주고 그
를 긴장시키며 영혼에 힘과 활기를 더해 줄 것이다.

[3권 5장 「베르길리우스의 시구에 대하여」]

우리 세계는 최근에 다른 세계를 발견했다(다른 세계
가 있는 줄을 귀신도 무녀도 우리도 모두 몰랐는데, 이
것이 마지막 신세계일 거라고 누가 보증하겠는가?). 우
리 세계만큼이나 크고 사람이 많고 토지가 비옥하고
더 힘이 센, 그렇지만 아주 새롭고 ABC부터 배워야 하
는 어린아이 같은 세계. 불과 50년 전만 해도 그 세
계는 글자도 무게도 척도도 의복도 밀도 포도도 몰랐
다. 천둥벌거숭이인 채로 어머니 같은 대자연에 의지
해 살고 있었다. (……) 그곳은 오염되지도 해롭지도 않
은 어린아이 같은 세상이었다. 하지만 우리는 그들에
게 채찍질을 하지도, 우리의 가치나 자연적 힘의 우월
성으로 그들을 우리의 규율에 복속시키지도, 우리의
정의와 선의로 가르침을 베풀지도, 우리의 아량으로
그들을 굴복시키지도 않았다. 그들 대부분의 반응과
우리와 했던 숱한 교섭은 그들의 타고난 정신이 탁월
하고 명석하고 타당해 우리와 별다를 바 없음을 증명
해 준다.

놀랍도록 장대한 쿠스코와 멕시코의 도시들, 그와 유사한 무한히 많은 것 가운데 왕의 감탄스러운 정원에는 모든 나무와 열매와 풀이 정원에 있던 순서와 크기로 정교하게 황금으로 만들어져 있고, 그의 작은 방에도 마찬가지로 그 나라와 바다에서 나는 모든 생물이 순금으로 장식되어 있었다. 그리고 보석으로, 깃털로, 무명으로, 그림으로 된 작품의 기막힌 아름다움은 그들이 공예 산업에서도 우리에게 거의 뒤지지 않음을 보여 주었다. 신앙심, 준법정신, 관용, 선의, 관대함, 충실함, 솔직함으로 말하자면, 이러한 면을 그들만큼 갖추지 못한 우리에게 오히려 도움이 되었다. 이러한 장점 때문에 그들은 패하고 팔리고 배반당했던 것이다.

대담함과 용기로 말하자면, 또한 단호함과 지조와 고통, 배고픔, 죽음에 대항한 결심으로 말하자면, 나는 두려움 없이 그들의 예에 맞서는 예로 우리 세계에서 기억에 남아 있는 고대의 가장 유명한 예를 들겠다. 그들을 진압한 사람들로 말하자면, 그들을 속이는 데 썼던 속임수와 책략은 제쳐 두더라도, 수염이 북슬북슬하고 언어도 종교도 생김새도 다른 자들이 사람이 살리라고는 상상도 못했던 먼 곳에서 이런 나라로 불시에 들이닥쳤을 때 원주민이 느꼈을 경악을 상상해 보라. 말을 한 번도 본 적이 없을뿐더러 사람을 태우거나 짐을 싣도록 짐승을 훈련시켜 본 적도 없는 그들에겐 커다란 미지의 괴물로 보이는 말을 타고, 반질거리고 단단한 껍질을 덮어쓰고, 날카롭고 번쩍거리는 무기를 장착하고 와서 거울이나 검의 번쩍거림에 경탄을 금치 못하는 그들에게 황금이나 진주 같은 보석과 맞바꾸자고 하는 자들에게 느꼈을 경악을. 그리고 그들에게는 우리의 강철 무기를 뚫을 수 있는 어떠한 지식도 기술도 소재도 없었다. 여기에 아무 경험 없이 들었다면 카이사르라도 깜짝 놀랐을 우리 대포와 화승총의 천둥 벼락 같은 소리까지 더해 보자. 무명옷이나 만들어 입을 줄 알고 무기라곤 기껏해야 활, 돌, 몽둥이와 나무 방패뿐인 벌거벗은 사람들이 단지 미지의 대상을 보고 싶다는 호기심 때문에 우정과 선의의 가면에 넘어가 기습당한 것이다. 정복자와 피정복자의 이러한 격차를 생각해 보라. 당신은 이 정복자들에게서 그토록 많은 승리의 모든 원인을 박탈할 것이다.

　수천 명의 남자와 여자와 아이들이 그들의 신과 자유를 지키기 위해 피할 수 없는 위험에 수없이 스스로를 내던지는 완강하고 대담한 열정을 볼 때, 이토록 수치스럽게 그들을 짓밟은 자들의 지배에 복종하기보다 기꺼이 모든 극단적 상황과 난관과 죽음을 감당해 내는, 또한 어떤 이들은 비굴하게 승리한 적들이 내미는 음식을 받아들이느니 차라리 굶어 죽기를 택하는 아낌없는 집요함을 볼 때, 누구든 무기나 경험이나 수적 차이 없이 1대 1로 그들을 공격했다면 우리가 보아 왔던 다른 전쟁만큼이나, 어쩌면 그보다 더 위험한 전쟁이 벌어졌을 거라 예상한다.

왜 이토록 고귀한 정복이 알렉산드로스대왕이나 고대 그리스·로마 시대에 벌어지지 않았을까! 왜 수많은 제국과 민족의 그토록 위대한 변화와 개혁이 그들의 야만적인 면을 세련되게 갈고닦고, 자연이 그곳에 뿌려 놓은 좋은 씨를 잘 키우고, 땅의 경작과 도시의 장식에 필요한 만큼 우리가 가진 기술을 보태 줄 뿐만 아니라 그곳에 원래 있던 덕목에 그리스와 로마의 덕목을 결합해 주지 않았을까! 우리가 처음 보여 줬던 본보기와 태도를 그 민족이 그 덕목을 감탄하며 모방하고, 우리와 그들 사이에 형제 같은 교류와 지성이 확립되었다면 전 세계가 얼마나 나아졌을까! 대부분이 그토록 아름다운 성향을 타고난 탓에 매우 순수하고 새로우며 기꺼이 배우려는 갈망이 큰 사람들을 교화하고 훈육하기가 얼마나 쉬운 일이었겠는가!

그런데 우리는 정반대로 그들의 무지와 무경험을 이용해 우리 삶과 풍습의 유형에 따라 그들을 배신, 사기, 사치, 탐욕, 비인간적이고 잔혹한 모든 관습 쪽으로 더 쉽게 끌어들였다. 대체 누가 상업과 교역에 이토록 비싼 값을 치른단 말인가? 수많은 도시가 파괴되고 수많은 나라가 없어지고 수많은 민족이 칼에 베여 죽고 세상에서 가장 풍요롭고 아름다운 나라가 진주와 후추 무역으로 뒤집어졌다! 기계적인 승리였다. 야심이, 공공연한 적대감이 사람들을 부추겨 이토록 끔찍한 교전과 비참한 재앙을 일으킨 적은 일찍이 없었다.

해변을 따라 광산을 찾던 일부 스페인 사람들은 비옥하고 쾌적하고 인구도 많은 지역에 정착했는데, 그곳 원주민에게 입버릇처럼 공언했다. "우리는 사람이 사는 세상에서 가장 위대한 왕인 카스티야 왕이 파견해 멀리서 항해해 찾아온 평화를 사랑하는 사람들이다. 지상에서 하느님의 대행자인 교황이 우리에게 인도 전역의 통치권을 주었다. 그 왕에게 조공을 바칠 뜻만 있다면 아주 우호적인 대우를 해 주겠다." 그들은 먹을 식량과 약용으로 황금을 요구하고, 동시에 유일신 신앙과 우리 종교의 진리를 설파하고 협박을 좀 보태 그 종교를 받아들이라고 설득했다.

대답은 이랬다. "당신들이 평화롭다고 해도 당신들의 인상을 보니 그렇지 않다. 당신네 왕으로 말할 것 같으면, 뭘 요구하는 걸 보니 궁핍한 게 틀림없다. 그리고 이런 분배를 한 교황이라는 사람은 자기 것이 아닌 제삼자의 것을 주어 원래 소유자와 분쟁을 벌이게 하는 것을 보니, 불화를 일으키기 좋아하는 사람이다. 식량은 내주겠다. 황금은 별로 없을뿐더러 전혀 중하게 생각하지도 않는다. 우리는 행복하고 기분 좋게 살아가는 데만 마음을 쓰는데, 금은 사는 데 직접 쓸모가 없으니까. 그러니 신에게 봉헌하기 위한 것만 빼고 대담하게 찾을 수 있는 만큼 가져가 보라. 유일신 신앙으로 말하자면, 당신들이 설득하는 말은 마음에 들지만 개종할 생각은 없다. 우리는 오랫동안 우리의 신을 잘 섬겨 왔고, 친구나 지인의 조언만 듣는 습관이 있기 때문이다. 위협에 관해 말하자면, 어떤 본성과 수단을 가졌는지 잘 모르는 사람들을 위협하는 건 판단력이 부족하다는 표시다. 그러니 어서 이 땅을 떠나라. 우리는 무장한 이방인의 정직함과 설교를 좋지 않게 받아들이는 관습이 있다. 떠나지 않는다면 저런 꼴로 만들어 주겠다." 그러고는 도시 주위에 매달아 놓은 처형당한 사람들의 잘린 머리를 보여 주었다. 그들은 어린아이처럼 더듬거리며 이렇게 대답했다. (……)

그 세계에서 그리고 어쩌면 우리 세계까지 포함해 가장 강력했던 수많은 왕의 왕이자 그들이 마지막으로 쫓아낸 두 왕 중에 페루의 왕은 전투에서 생포되어 믿을 수 없을 만큼 비싼 몸값이 매겨졌다. 그는 이 몸값을 충실하게 지불했다. 그 교섭에서 솔직하고 관대하고 지조 있는 용기와 명료하고 침착한 이해력을 보여 주자, 정복자들은 132만 5천 5백 돈*어치의 황금과 같은 규모의 은과 다른 보물(그들이 탄 말에 엄청난 양의 금으로 편자를 박을 정도였다)까지 무례하게 받아낸 뒤에 이 왕에게 남아 있는 다른 보물이 무엇일지 알아내(불충실하다거나 부당하다는 등의 핑계로) 그가 감추거나 숨긴 것이 무엇이든 제한 없이 빼앗아 누릴 생각에 사로잡혔다.

이 생각에 그들은 이 왕이 자유를 얻으려고 그 지

---

*무게 단위.

역 사람들에게 폭동을 일으키라고 지시했다는 거짓 증거를 만들었다. 그리고 이 반란을 공모한 자들의 재판에서 그를 공개적으로 교수형에 처한다는 선고를 내리고, 처형 직전에 세례를 주어 산 채로 태워 죽이는 고문은 면하게 해 주었다. 참으로 끔찍한 전대미문의 사건이었다. 그럼에도 왕은 표정도 언행도 평소 모습 그대로 흔들림 없는 태도와 충실한 엄숙함으로 처형을 당했다. 그리고 침략자들은 이렇게 기괴한 광경에 놀라 위축된 사람들을 진정시키기 위해 왕이 죽은 후에 엄청나게 슬퍼하는 척하며 엄숙하고 화려한 장례식을 치르도록 명령했다.

[3권 6장 「역마차에 대하여」]

우리 정신의 가장 유익하고 자연스러운 훈련은 내 생각에 토론이다. 토론은 살아가면서 취하는 어떤 다른 행동보다 감미로운 일이다. (……)

나는 반박을 당하면 분노하기보다 주의력이 각성된다. 나는 스스로 내게 반대하며 가르치려 드는 자에게로 나아간다. 진실의 명분은 양쪽에 공통된 명분이어야 한다. (……)

나는 어디 혹은 누구에게서 발견한 진실이든 환호하며 포용한다. 진실이 다가오는 것을 보면 아무리 거리가 멀더라도 기꺼이 무기를 내려놓고 승복한다. 그리고 너무 거만하게 명령조로 나오지만 않으면 나는 기꺼이 내 글에 대한 비판을 받아들인다. 그리고 종종 필요에 의해서가 아니라 예의상 글을 고치기도 한다. 내가 순순히 항복해서 그들이 자유롭게 비판하도록 북돋는 것을 좋아하기 때문이다. (……)

어리석은 자를 선의로 대하며 공정하게 논쟁하기란 불가능하다. 매우 고압적인 대가의 손에 걸리면 판단력뿐만 아니라 양심마저 망가진다.

우리의 논쟁은 말로 짓는 다른 죄와 마찬가지로 금지되고 벌을 받아야 한다. 논쟁은 언제나 분노의 지배를 받으니 무슨 악덕인들 불러일으키고 쌓아 올리지 못하겠는가? 우리는 먼저 이성에, 그다음에는 사람들에게 적의를 품게 된다. 우리는 반박하기 위해서만 논쟁을 배운다. 그리고 모두가 반박하고 반박당하니 논쟁의 결실이라곤 결국 진실을 잃고 없애는 것뿐이다. (……)

진실을 쫓는 것은 마땅히 우리의 일이며, 그것을 그릇되고 무례하게 실행한다면 용서받을 수 없다. 하지만 그것을 주도하지 못하는 것은 또 다른 문제다. 우리는 진실을 추구하려고 태어났으니까. 진실을 소유하는 것은 더 위대한 힘에 달린 일이다. (……)

어떤 의견을 열성적으로 고집하는 것은 어리석고 자만심이 강하다는 확실한 증거다. 바보만큼 확고하고 결연하고 남을 무시하고 생각이 많고 진지하고 근엄한 자가 누가 있겠는가?

토론과 소통이라는 허울 아래 친구끼리 서로 유쾌하게 사적으로 농담을 던지며 떠들썩하고 친근하게 나누는 예리하고 단속적인 재담까지 포함시킬 수는 없지

않은가? 나는 천성이 유쾌해 이런 대화가 아주 잘 맞
는다.

[3권 8장 「협의의 기술에 대하여」]

디오메데스는 문법이라는 주제로만 책 6천 권을 채웠
는데, 어떤 주제를 다루든 끊임없이 동요하고 변하는
내 생각을 표현하는 일은 언제나 끝이 날 수 있을까?
더듬거리고 제멋대로인 말이 무시무시한 분량의 책으
로 세상을 꽉 채웠는데 한가하게 수다나 떨어서야 무
엇이 되겠는가? 그저 말을 위한 말이 이렇게도 많다니.
오, 피타고라스여, 그대는 왜 이 폭풍우를 피하지 못했
는가? (……) 농담이 아니다. 글을 끄적인다는 건 과로
한 시대의 징후인 듯하다. 우리가 내란에 처한 이후만
큼 글을 많이 썼던 적이 있었는가? 로마 사람들이 나라
가 망할 때만큼 수많은 책을 쓴 적이 있었는가? (……)

　　나는 남들과 반대로 재수가 없을 때보다는 좋을
때 더 독실해지는 듯하다. (……) 그리고 간청하기보다
는 감사하기 위해 명랑한 시선으로 하늘을 올려다본
다. 나는 건강을 잃어 회복해야 할 때보다 건강이 좋을
때 더 건강에 주의를 기울인다.

[3권 9장 「허영심에 대하여」]

혁명

혁신만큼 한 나라를 심하게 억누르는 것은 없다. 변화
는 그저 불의와 독재에 꼴을 갖추어 줄 뿐이다. 어느 한
조각이 떨어져 나간다면 딴 걸로 메꾸면 된다. 우리는
모든 것이 본성대로 변질되고 부패해 우리의 초심과
원칙에서 너무 멀어지는 데에 대비할 수 있다. 하지만
이렇게 거대한 덩어리를 다시 주조하고 이런 방대한
건물의 토대를 바꾸는 일은 깨끗이 청소하려다 외관을
훼손하고, 특정한 결점을 고치려다 보편적인 혼란에
빠지고, 병을 치료하려다 죽게 만드는 짓이다. 이 세상
은 스스로를 고치기에 부적합하다. 세상은 자기를 억
압하는 것을 못 견뎌 하며, 어떤 대가를 치러야 하는지
생각해 보지도 않고 그 억압을 없애 버리려고만 한다.

[3권 9장 「허영심에 대하여」]

나는 집에서 침대에 누운 채 바로 그날 밤에 배신당해 살해될지 모른다는 상상을 숱하게 해 보았다. 그러더라도 두려워하거나 만만하게 당하지만은 않도록 운과 타협하면서 말이다. (……) 무슨 해결책이 있겠는가? 이곳은 나와 조상 대부분이 태어난 곳이다. 그들은 이 집에 애정을 쏟았고 그들의 이름을 붙였다. 우리는 무엇이든 습관화된 것에 굳어지기 마련이다. 그리고 우리가 처한 조건처럼 형편없는 조건에서도 습관은 자연이 준 가장 호의적인 선물이었다. 이 습관 덕에 온갖 악으로 인한 고통에 대해 우리의 감각은 무뎌진다. 내전이 다른 전쟁보다 더 나쁜 점은 우리 각자가 자기 집을 지키는 망루를 세우게 만든다는 것이다. (……)

　　나는 때로 부주의함과 나태함에서 비롯한 이런 상념에 대항해 스스로 강해질 수단을 끌어내 본다. 이런 상념도 어떻게 보면 우리를 결연하게 만들어 주는 면이 있다. 나는 치명적인 위험을 상상하고 짐짓 기대하는 데서 어떤 쾌감을 느낀다. 나는 어리석게 고개를 푹

숙이고 죽음에 대한 숙고나 고찰도 없이 그 속으로 뛰어든다. 그 깊고 바닥 모를 심연은 단번에 나를 집어삼키고, 그 순간에 나는 무감하고 권태로운 강력한 잠에 빠져든다.

[3권 9장 「허영심에 대하여」]

나는 파리를 곱지 않은 눈으로 볼 만큼 프랑스에 반감
이 있지는 않다. 어렸을 때부터 파리는 내 마음을 사로
잡았다. 거기에서 탁월한 일들을 겪기도 했고, 다른 아
름다운 도시들을 보면 볼수록 파리의 아름다움에 더욱
더 애정을 갖게 되었다. 나는 이 도시 자체를 그리고 외
국의 장식물로 온통 치장한 모습보다 본 모습 그대로
를 더 사랑한다. 이 도시의 결점과 흠집까지 소중할 정
도로 파리가 너무도 애틋하다. 나는 오직 이 위대한 도
시에 의해서만 완벽한 프랑스인이 된다. 거기 사는 사
람들도 위대하고 음식도 맛있지만, 무엇보다 편의시설
이 다양하고 변화무쌍하다는 점이 비할 수 없이 위대
하다. 파리는 프랑스의 영광이며, 전 세계에서 가장 고
귀하고 주요한 장식물 중 하나다.

　　하느님의 자비로 우리의 분열이 파리에서 불식되
기를. 파리가 완전하게 통합되면 다른 모든 폭력으로
부터 이 도시를 지킬 수 있으리라 본다. 나는 모든 분파
중에서 이 도시에 불화를 일으키는 분파가 최악이라고

생각한다. 나는 파리를 위해 오직 이 도시 자체만 걱정한다. 확실히 난 우리 나라의 다른 어느 지역보다도 파리를 염려한다. 파리가 존속하는 한 나는 궁지에 몰렸을 때 숨어들 다른 은신처를 원할 일이 없을 것이며, 파리라면 다른 모든 은신처에 대한 아쉬움을 충분히 달래고도 남을 것이다.

[3권 9장 「허영심에 대하여」]

이런 이유 말고도, 난 여행이 유익한 수련이라고 생각
한다. 여행 중에는 미지의 사물에 주의를 기울이고 새
로운 대상에 주목하면서 정신이 계속해서 자극을 받는
다. 내가 종종 말해 온 대로 끊임없이 수많은 다양한 삶
과 관습과 기질과 상상을 체험하고, 우리 자연의 한없
이 다양한 형태를 음미하는 것보다 인생을 빚어내는
데 더 좋은 교육은 없다. 그러는 동안 몸은 게을러지지
도, 잔뜩 긴장하지도 않으며 적당한 동요가 몸에 숨을
불어넣는다.

　　나는 복통으로 미칠 지경이라도 여덟 시간 혹은
때때로 열 시간 동안 싫증 내지 않고 말을 탈 수 있다.
해가 쨍쨍 내리쬐는 지독한 더위보다 더 괴로운 것은
없다. (……) 나는 오리처럼 비 오는 날씨와 진흙탕을
좋아한다. 공기와 기후의 변화는 내게 영향을 미치지
못한다. 하늘의 기상이 어떻든 내겐 다 마찬가지다. 나
는 내 안에서 일어나는 내적 변화에만 타격을 받을 뿐
인데, 이런 일은 여행 중에 거의 일어나지 않는다. 나는

어떤 여행이든 쉽게 떠나지 못한다. 하지만 일단 떠나면 누구 못지않게 오랫동안 멀리까지 여행한다. 나는 큰일에 임할 때와 마찬가지로 작은 일에도 최선을 다한다. 친구를 당일로 방문하러 갈 때도 장거리 여행을 떠날 때처럼 준비한다. 나는 스페인식으로 단번에 가는 합리적이고 장대한 여행의 짐을 꾸리는 법을 배웠다. 그리고 너무 더울 때는 해가 진 후부터 뜰 무렵까지 밤에 여행을 한다. (······)

아침에 늦게 일어나는 내 게으름 덕에 나를 따라다니는 사람들은 말에 오르기 전에 식사할 시간이 충분하다. 나로 말하자면, 너무 늦은 시간에 식사하는 법이 없다. 보통 먹다 보면 식욕이 생기고, 먹어야만 입맛이 돈다. 나는 식탁에 앉아야만 배고프다는 생각이 든다. 혹자는 결혼도 하고 나이도 꽤 먹은 내가 이런 수련을 기꺼이 계속하는 것을 책망한다. 그들은 나를 잘못아는 것이다. 사람이 집을 떠날 적기는 그가 없이도 집이 안정적으로 질서가 잡힌 상태를 계속 유지하고, 이전의 틀에 부합하도록 살림을 알맞게 배치해 두었을 때다. 집을 떠나면서 믿을 수 없는 집지기를 남겨 두는 것은 매우 신중치 못한 일이다. (······)

결혼한 여자에게 무엇보다 요구되는 것은 경제적 덕목이다. 나는 집에 없을 때면 살림을 전적으로 아내에게 맡기고 집안일을 모두 관할하게 하는데, 그 덕분에 아내는 절대적으로 집안일에 능숙해졌을 것이다.

다른 여러 집에서 볼 수 있는 장면인데, 남편이 점심때 일하느라 매우 지치고 헝클어진 모습으로 집에 돌아왔는데 아내가 옷방에서 여전히 치장이나 하고 있는 모습을 보면 짜증이 난다. 이는 왕비나 할 만한 일이다. 물론 왕비라고 그래도 되는지는 의문이지만. 우리 남자가 땀 흘려 일해 아내가 겉치레나 하고 게으르게 지낼 수 있게 해 준다는 것은 우스꽝스럽고 불공평한 일이다.

[3권 9장 「허영심에 대하여」]

결혼 생활에서의 부재와 우정

부부간 애정의 의무에 대해 혹자는 남편이 없으면 오히려 남편에게 관심이나 편견을 갖게 된다고 편하게 상상하지만, 나는 그렇게 생각하지 않는다. 반대로 둘이 너무 계속 같이 있으면 애정이 쉽게 식어 버리고 손상될 수 있다. 모르는 여인은 모두 정숙해 보인다. 그리고 경험상 계속 서로 보고 있으면 떨어져 있다 다시 만날 때 느끼는 기쁨을 표현할 수 없다는 걸 누구나 안다. 이처럼 일시적으로 떨어져 있으면 늘 보던 사람에 대한 새로운 애정이 마음 가득 차오르며, 우리 집 살림에 더욱 흡족함을 느끼게 된다. 변화는 나를 때로는 이것에 때로는 저것에 마음을 쏟게 한다. 나는 참된 우정이 세상의 이 구석에서 저 구석까지 포용하고 움켜쥘 수 있을 만큼 팔이 길다는 사실을 안다. 특히 서로를 보살피는 지속적인 소통으로 의무와 기억을 일깨우는 경우에는 더욱 그렇다.

내가 전문가라 할 수 있는 진정한 우정에서는 친구를 내 쪽으로 끌어당기기보다 나 자신을 친구에게 내어 준다. 나는 친구가 내게 무언가를 해 주기보다 내가 친구에게 잘해 주는 걸 더 좋아할 뿐만 아니라 친구가 나보다도 자신에게 더 잘하기를 바란다. 친구가 자신에게 잘하는 것이 내게 무엇보다도 잘하는 셈이기 때문이다. 그가 여기 없는 것이 그에게 더 흡족하거나 유익하다면, 나는 그가 있는 것보다 훨씬 더 만족한다. 그리고 서로 연락을 주고받을 수단과 방법을 찾을 수 있는 한 '부재'라는 표현은 적절치 않다. 나는 이전에는 서로 멀리 떨어져 있는 것으로 유익과 편의를 얻었다. 우리는 헤어져 있으면 이익이 확충되고 더욱 확장된 삶을 소유할 수 있었던 것이다. 그는 나를 위해 그리고 나는 그를 위해 상대방이 마치 여기 있는 듯 충만하게 살고 즐기고 보았다. 정작 함께 있으면 둘 중 한 사람은 게을러졌다. 우리는 서로를 혼동할 정도였다. 서로 다른 장소에 있음으로써 우리 마음과 의지의 결합은 더욱 풍성해졌다. 육체적으로 함께 있고 싶다는 만족할 줄 모르는 이러한 갈망은 어떤 면에서 영혼의 즐거움이 취약함을 드러내는 것이다.

[3권 9장 「허영심에 대하여」]

여행할 나이

나보고 나이를 생각하라고 하는 사람들이 있는데, 그
와 정반대로 젊은이야말로 일반적인 의견에 매이고 남
을 위해 자기 욕망을 억제한다. 이는 남과 자신 모두를
위해 맞는 일일지 모른다. 그러나 우리는 자기 혼자만
을 위하기도 버겁다. 자연적인 편의가 쇠락하면 인공
적인 수단으로 자신을 지탱하면 된다. 젊어서는 쾌락
을 좇는 것이 용서되고 나이 들어서는 서글픈 심정을
방종으로 풀어 준다.

[3권 9장 「허영심에 대하여」]

"하지만 그 나이에 그렇게 멀리 여행을 떠났다 돌아오지 못하면 어쩌오?" 설령 그런들 무슨 상관이란 말인가? 나는 돌아오려고 또는 여행을 완수하려고 떠나는 것이 아니다. 단지 움직이는 것이 즐거움을 주는 한 움직이려는 것이고, 걸을 수 있는 한 걸으려는 것뿐이다. 이익이나 토끼를 쫓아 달려가는 사람은 달리는 것이 아니다. 장애물경주를 하고 달리기 연습을 하는 사람이 진짜 달리는 것이다.

내 계획은 어디에서나 좌절될 수 있고, 엄청난 희망에 근거를 둔 것도 아니다. 내 여행은 그날그날 마무리된다. 내 인생의 여정도 그렇게 진행된다. 그렇지만 나는 머물라면 기꺼이 머물고 싶은 먼 나라도 꽤 다녔다. 그러지 못할 이유가 뭐란 말인가? 크리시포스, 디오게네스, 클레안테스, 안티파트로스, 제논 그리고 매우 엄격했던 학파의 수많은 현인이 어떠한 불만이 있어서가 아니라 오직 바람을 쐬려고 자기 나라를 훌쩍 떠나지 않았던가? 진정으로 여기저기 돌아다니면서 가

장 유감스러웠던 건 내가 머물고 싶은 곳에 정착할 결
심을 확고히 할 수 없었다는 것이다.

[3권 9장 「허영심에 대하여」]

여행

급한 용무로 부득이하게 엄동설한에 그라우뷘덴*을 여행해야만 하는 사람이나 여정 중에 이런 극단적인 어려움을 뜻밖에 겪는 법이다. 하지만 나는 주로 즐거움을 위해 여행하기 때문에 그렇게 나쁜 여정을 잡지 않는다. 오른쪽 길이 틀렸다면 왼쪽 길을 택한다. 말을 타기가 어렵다고 느끼면 그냥 집에 머문다. 그렇게 하다 보니 정말로 집보다 편하고 쾌적한 곳이 없다는 걸 알겠다. 내가 늘 과다한 것을 쓸데없다 여기고, 섬세함과 풍성함에서 일종의 골칫거리를 발견하는 건 사실이다. 뭔가 볼 만한 것을 놓치고 지나쳤을까? 그러면 나는 다시 되돌아간다. 그것이 늘 내 방식이고 거기서 벗어나 본 적이 없다. 직선이든 곡선이든 나는 확실한 선을 따라가지 않는다. 어떤 낯선 장소에 갔을 때 사람들이 알려 준 것이 없는 때도 있지 않은가? 남의 판단이 내 판단과 맞지 않고 그들이 틀린 경우도 자주 보았으니, 괜한 짓을 했다고 유감스러워하지 않는다. 사람들이 알려 준 것이 거기 없다는 사실을 알았으니까.

---

* 스위스 동부의 가장 큰 주.

나는 세상 어떤 사람 못지않게 어디에도 구애받지 않는 체질이고 취향도 보통이다. 이 나라 저 나라의 서로 다른 방식은 내게 다양한 즐거움을 줄 뿐 다른 흥미는 없다. 각 관습에는 저마다 이유가 있다. 그릇이나 접시가 백랍으로 만든 것이든 나무로 만든 것이든 점토로 만든 것이든, 고기가 삶은 것이든 구운 것이든, 버터든 올리브기름이든 호두기름이든, 뜨거운 음식이든 차가운 음식이든 내게는 매한가지다. 나이가 들어 가는 사람으로서 나는 이처럼 너그러운 심성을 타고난 것을 탓한다. 음식을 까탈스럽게 골라 무분별한 식욕을 바로잡고, 때때로 내 위를 편하게 해 줄 필요가 있다.

프랑스 밖으로 나갔을 때 누가 예의상 프랑스식으로 식사 시중을 들지 물어보면 나는 농담을 던지고는 외국인이 가장 많이 앉은 식탁에 끼어들곤 했다. 프랑스 사람들이 이 어리석은 풍습에 빠져 자기와 반대되는 방식을 접했을 때 당황하는 것을 보면 창피하다. 그들은 자기 마을을 벗어나면 자기 본령에서 벗어났다고 생각한다. 어딜 가든 자기 나라의 방식을 고수하고 낯선 방식은 다 싫어하며 질색한다. 헝가리에서 자기 나라 사람이라도 만나면 이게 웬일인가 싶어 호들갑을

떤다. 이게 뭐 하는 짓인가? 거기서 그들은 한데 모여 직접 본 야만적 관습을 비난한다. 프랑스 사람이 아니니 당연히 풍습이 다른 것 아닌가? 다행히 그런 자들을 보고 비난하는 사람은 그나마 좀 나은 부류다.

대부분의 사람들은 단지 돌아오기 위해 밖으로 나간다. 그들은 마차의 덮개를 덮고 서로 붙어 앉아서 입을 꼭 다문 채 조심하며 말도 하지 않고 미지의 공기에 감염되지 않도록 스스로를 방어하며 여행한다. 이런 자들에 대해 말하다 보니 내가 이전에 우리의 젊은 조신朝臣이라 여겼던 몇몇 사람이 떠오른다. 그들은 오직 자기편하고만 대화하고, 나머지는 딴 세상 사람처럼 경멸과 연민의 시선으로 본다. 그들에게서 신비롭고 가식적인 궁정식 담화를 빼면 그들은 사냥감을 놓친 꼴이 된다. 그들이 우리에 대해 생각하는 만큼이나 우리에겐 그들이 초보자에 서투른 자들이다. 정중한 사람이 융통성 있는 사람이라는 말은 진실이다. 정반대로 나는 온전히 내 방식으로 물릴 만큼 여행한다. 시칠리아에서 가스코뉴 사람을 찾으려는 게 아니다. 그런 사람은 고향에 숱하게 남겨 두었다. 나는 차라리 그리스 사람과 페르시아 사람을 찾는다. 그들에게 다가

가 잘 뜯어보고 친해지려 노력한다. 나는 그런 일에 힘을 쓰고 마음을 쏟는다. 그에 더해 우리 방식 못지않은 많은 방식을 접했던 것 같다. (……)

판단이 건전하고 예법이 당신과 맞으며 기꺼이 당신과 동행하고자 하는 정중한 사람을 만나기란 드문 행운일 뿐 아니라 더없이 위안이 되는 일이다. 나는 여행할 때마다 이런 사람이 무척이나 필요하다는 걸 깨달았다. 이러한 동반자는 집을 떠나기 전에 신중하게 구해 두어야 한다. 남과의 소통이 없는 즐거움은 내게 온전한 즐거움이 아니다. 마음속에 아주 탁월한 생각이 떠올랐다 해도 그것을 혼자만 담아 두고 함께 나눌 사람이 없다면 정말 유감이라고 생각한다. (……)

아르키타스*가 천국에서 광대하고 신성한 천체 속을 걷는다 해도 함께할 친구가 없으면 즐겁지 않을 거라고 한 말은 내 의견과 잘 들어맞는다. 하지만 지루하고 어리석은 짝과 함께하기보다는 혼자인 게 차라리 낫다. (……) 나는 말안장에 앉아 인생을 보내는 쪽을 택할 것이다.

"이보다 더 편한 소일거리는 없소? 부족한 게 뭐요? 당신 집이 공기가 맑고 건강에 좋은 곳에 자리 잡

---

* 고대 그리스의 과학자·철학자·피타고라스학파의 수학자.

고 있지 않소? 가구가 충분한데도 더 많이 필요하단 말이오? (……) 당신이 어디 있으면 방해받지 않고 살 수 있다 생각하시오? 자, 보시오. 당신이 뭘 못하게 막는 것은 오직 당신뿐이오. 그리고 어디서나 당신은 당신을 따라다닐 것이고 어디 있으나 불평을 할 것이오. 이승에서는 야만적이거나 신성한 마음이 아니면 만족이란 없을 것이오."

글자 그대로 받아들이면 여행의 즐거움은 불안과 망설임의 증거이기도 하다는 걸 나는 잘 안다. 사실 이것은 우리를 지배하는 주된 기질이다. 그렇다, 솔직히 고백한다. 나는 꿈이나 희망밖에 붙잡을 것이 없다. 적어도 내가 뭔가에 만족한다면, 다양성과 다양함을 소유하는 것뿐이다.

[3권 9장 「허영심에 대하여」]

법의 준수

더 나은 시절이 왔으면 하고 애석해할 수는 있지만 현재를 피할 수는 없다. 다른 관리가 있었으면 하고 바랄 수는 있지만, 그래도 현재 관리에게는 복종해야 한다. 그리고 선량한 관리보다는 사악한 관리에게 복종하라고 권할 만하다. 이 왕조가 옛날부터 수용해 온 법의 상像이 그 왕국의 어느 구석에선가 빛나고 있는 한 나는 거기에 있을 것이다. 만약 불행하게도 그 법이 모순되고 어긋나며 선택하기 의심스럽고 어려운 두 갈래로 나뉜다면, 나는 이 폭풍우를 피해 도망치는 길을 택할 것이다. 그러는 동안 자연이나 전쟁이라는 우연이 도움의 손길을 내밀 것이다. 나는 카이사르와 폼페이우스* 중에 누구 편인지 거리낌 없이 선언했을 것이다. 하지만 그 뒤에 온 이 세 도둑 사이에서는 누구든 숨거나 바람이 부는 대로 따라야 했다. 이성에 따를 수 없을 때에 할 수 있는 공정한 행동이 그것이었다고 나는 생각한다.

[3권 9장 「허영심에 대하여」]

---

* 로마공화정 말기의 장군·정치가. 스파르타쿠스의 반란을 진압해 신망을 얻고 카이사르, 크라수스와 함께 삼두정치를 했으나 나중에 카이사르와 대립해 패했다.

내 글은 어느 정도 뒤죽박죽인 데가 있다. 나는 길에서 벗어나 헤매길 잘한다. 하지만 부주의해서라기보다 방종해서 그런 것이다. 나의 공상은 꼬리에 꼬리를 물지만, 때로는 멀리 떨어져 삐딱한 시선으로 서로를 바라보기도 한다. 나는 이전에 플라톤의 『대화편』 일부를 훑어보았다. (……) 그들은 이런 변형을 두려워하지 않는다. 그리고 바람에 저절로 실려 가거나 그런 듯 보이는 데에 놀라운 멋이 있다. 내 글의 장 제목에 항상 소재가 담겨 있는 건 아니다. 그런 제목은 종종 어떤 징표를 통해 소재를 슬쩍 보여 주기만 할 뿐이다. 나는 시적으로 건너뛰듯 사뿐사뿐 뛰노는 것을 좋아한다. 그것은 플라톤이 말했듯 가볍고 날렵하고 마력적인 재주다. 플루타르코스의 글을 보면 그 주제가 잊히고 그 논지가 생뚱맞은 소재에 밀려 간간이 제기되는 경우가 있다. 그가 쓴 『소크라테스의 악마』에서 보여 주는 바를 보라. 오, 맙소사! 그 변화는 얼마나 우아한지, 또 이처럼 아무렇지도 않게 딴소리로 빠지는 솜씨는 얼마나 멋진지! 무엇보다 경솔하게 되는대로 던지는 듯 보이는 글에서 말이다. 부주의한 독자가 내 주제를 따라오지 못하는 것이지 내가 부주의한 건 아니다. 아무리 압축해서 썼더라도 주제와 연관된 말이 몇 마디라도 어느 구석에서든 발견될 것이다.

[3권 9장 「허영심에 대하여」]

○ 모호함을 싫어함

명백히 이해되는 것을 경멸하고, 내가 뭘 말하는지 모를수록 나를 더 훌륭하게 여기며 만족하는 사람들이 있다. 그들은 그 모호함 때문에 내 글의 의미가 심오하다는 결론을 내릴 것이다. 그 모호함이야말로 실제로 내가 죽기보다 싫어하고 피할 수 있다면 피하고 싶은 것인데 말이다.

[3권 9장 「허영심에 대하여」]

로마

죽은 자를 보살피는 것은 우리에게 권장되는 일이다. 나는 어린 시절부터 이런 죽은 자들 사이에서 자라났다. 우리 집 일을 알기 한참 전부터 로마에서 일어난 일을 알았다. 루브르궁을 알기도 전에 카피톨리노언덕 같은 것을 알았다. 센강을 알기도 전에 테베레강부터 알았다. 그 어떤 프랑스 사람보다 루쿨루스와 메텔루스와 스키피오의 운명과 형세를 더 잘 기억했다. 그들은 죽었고 우리 아버지도 그들처럼 돌아가셨다. 1600년 전에 죽은 그들이나 18년 전에 돌아가신 아버지나 마찬가지로 나와 내 삶에서 멀어졌다. 그렇지만 나는 아버지와 애정과 교유를 나누었던 기억을 완벽하고 매우 생생한 결합으로 포용하고 실천한다.

게다가 나는 기질상 망자에게 더 호의적이다. 그들은 더 이상 스스로 알아서 유리한 행동을 할 수가 없다. 그래서 나의 도움이 더 필요한 것 같다. 바로 그 지점에서 감사하는 마음이 더 충만한 빛을 발한다. (······)

내 우정과 감사를 받을 사람이 더는 여기 없다 해

도 그 우정과 감사가 갈 곳이 없어지는 건 아니다. 그들이 여기 없고 내가 고마워하는 걸 모른다 해도 나는 더더욱 신경을 써서 보답한다. 친구들이 내가 칭찬하는 걸 알 도리가 없을 때 그들에 대해 더 애정 어린 말을 많이 한다. 이전에 나는 폼페이우스를 옹호하고 브루투스 편을 들려고 수많은 논쟁을 벌였다. 이러한 친분은 우리 사이에 지금까지도 이어지고 있다. 우리는 현재 일어나는 일조차 상상으로만 파악한다. 나 자신을 이 시대에 쓸모없다고 여기기에 나는 다른 시대에 뛰어들어 거기에 심취해 자유롭고 정의롭고 번영했던 옛 로마(나는 로마의 시초나 말년은 좋아하지 않는다)에 흥미를 느끼고 열광한다. 그래서 로마의 거리와 집이 있었던 옛터와 지구 반대편의 대척점까지 이르는 그 심오한 폐허를 그토록 자주 찾아보았음에도 한 번도 흥미롭지 않은 적이 없었다. 이야기에 나오는 기억할 만한 인물들이 자주 드나들거나 살았던 곳임을 알고 직접 찾아가서 볼 때 그들의 활약상을 듣거나 그들이 쓴 글을 읽을 때보다 더 감동을 받는 것은 본래 그런 것인가, 아니면 공상에 의한 착각인가? (······)

　나는 그들의 외양과 태도와 옷차림을 즐겨 살핀

다. 그 영예로운 이름을 소리 내 부르고 그 울림에 귀를 기울인다. (……) 이렇게 어떤 면에서나 위대하고 감탄할 만한 것 가운데 나는 그들의 평범한 측면에 감탄한다. 나는 그들이 함께 산책하고 식사하고 담소 나누는 모습을 보고 싶다. 그들의 삶과 죽음을 보고 그들을 어떻게 따를지 알고도, 모범을 보이며 수많은 가르침을 주는 그 많은 뛰어나고 선하고 용맹한 인물들의 유적과 형상을 경멸하는 것은 배은망덕한 일일 것이다.

지금의 로마는 우리 프랑스의 왕실과 매우 오랫동안 동맹을 맺어 왔기에 사랑받을 만하다. 로마는 보편적이고 세계적인 유일한 도시다. 로마의 고위 관료는 다른 나라에서도 똑같이 인정받는다. 로마는 모든 그리스도교 국가의 대표 도시이며, 프랑스 사람이든 스페인 사람이든 그곳을 자기 집처럼 여긴다. 로마의 왕이 되려면 어느 나라든 그리스도교 국가 출신이면 족하다. 지구상에 하늘이 그토록 변함없는 은총으로 품어 안은 곳은 없다. 폐허조차 위대하고 영광스럽다.

로마는 무덤조차 제국의 표지와 형상을 간직하고 있다.

[3권 9장 「허영심에 대하여」]

게다가 나는 자기 이름과 명예를 이을 자식을 낳음으로써 미래와 연결된다고 사람들이 말하는 강력한 유대 의식에 매여 있지 않다. 자식을 두는 것이 그토록 원할 만한 것이라 해도 나는 바로 그런 이유로 덜 원할 것이다. 나는 스스로도 세상과 삶에 지나치게 집착한다. 나는 운이 나를 전적으로 관할하지 않고 내 존재에 적당히 필요한 상황에 의해 운에 매이는 정도로 만족한다. 그리고 아이가 없는 것이 삶을 덜 완전하고 덜 만족스럽게 만드는 흠이라고 생각한 적은 한 번도 없다. 아이가 없는 것에도 편리한 점이 있다. 아이는 그리 바랄 만한 것이 못 되는 것 가운데 하나다. 특히 착하게 키우기가 어려운 이 시점에는 더욱 그렇다.

[3권 9장 「허영심에 대하여」]

보통 사람들에 비해 나를 감동시키거나 좀 더 잘 표현
해 내 마음을 붙들어 놓는 것은 거의 없다. 그런 것이
우리 마음을 사로잡지 않는 것은 오직 이성만이 마음
에 와닿기 때문이다. 나는 자연스레 내 안에 깊숙이 들
어온 이 무감각이라는 특권을 연구와 담론으로 더욱
확장하기 위해 대단히 노력한다. 따라서 나는 열정을
쏟아 몰두하는 것이 거의 없다. 또렷하게 보긴 하지만
그렇게 지켜보는 대상은 매우 드물다. 내 감각은 섬세
하고 여리지만 이해하고 적용하는 데는 둔하고 어려움
을 겪는다. 나는 관계를 맺는 데 서툴다. (……)

　사람은 남에게 힘을 빌려주면서도 오직 자신에게
만 몰두해야 한다는 게 내 생각이다. 내 의지가 스스로
무언가에 사로잡히거나 열중하기 쉽다 해도 계속 그러
지는 않을 것이다. 나는 본성으로나 습관으로나 너무
무르다. (……)

　우리는 마음의 자유를 아껴 두고 정당한 기회가
아니면 관여해서는 안 된다. 공평하게 판단해 보면 이

런 기회는 매우 적다. (……)

　　모든 사람이 마땅히 지켜야 할 우정의 진정한 핵심은 이것인 듯하다. 그것은 학식과 부 같은 것에 주요하고 과도한 애정을 품게 만드는 거짓 우정이 아니고, 담쟁이덩굴처럼 타고 올라가 담을 망가뜨리는 나약하고 신중치 못한 우정도 아니다. 바로 유용하고 유쾌하면서 건전하고 규제된 우정이다. 우정의 모든 의무를 알고 실천하는 사람은 진정으로 뮤즈의 작은 방에 든 셈이며, 인간의 지혜와 우리 행복의 정점에 이른 것이다. 이런 사람은 자기가 진 의무가 뭔지 정확히 알기에, 남들과 세상에 쓸모 있는 일에 복무해야 한다는 사실을 발견하고 그것을 수행하기 위해 자신과 관련된 의무와 직분으로 공공 사회에 헌신한다. 어느 정도라도 남을 위해 살지 않는 사람은 자신을 위해 사는 게 아니다.

[3권 10장 「자기 의지의 관리에 대하여」]

모든 공적 행위는 불확실하고 다양한 해석의 여지가 있다. 판단하는 사람이 너무 많기 때문이다. 혹자는 내가 시정市政을 돌본 것에 대해 활기 없는 성정으로 너무 무기력하게 움직이는 사람처럼 행동했다고 말한다(이것이 마땅히 언급할 만해서가 아니라 이러한 내 태도를 보여 주려고 한마디 하는 것이다). 그들이 근거 없는 말을 한 것만도 아니다. 나는 마음과 생각을 편히 가지려 애쓴다. (……) 천성적으로 무기력한 기질을 무능력의 증거라고 판단하지 말아야 한다(왜냐하면 관리를 못하는 것과 감각이 없는 것은 서로 다른 것이니까). 그리고 나를 알기 전에나 후에나 나를 밀어 주려고 가능한 모든 수단을 쓰고 처음만이 아니라 두 번째에도 나에게 직책을 맡겨 준 그 시민들에게 내가 몰인정하고 배은망덕하게 행동했다는 증거는 더더욱 아니다. 나는 그들이 모두 잘되길 바란다. 진심으로 기회가 있었다면 그들에게 봉사하기 위해 아무것도 아끼지 않았을 것이다. 나는 나를 위해 일하듯 그들을 위해 일했다. 그들은 선량하고 호전적이고 관대할뿐더러 복종하고 규율을 따를 줄 알며, 잘 이끌기만 하면 훌륭한 고용인이 될 수 있는 시민이다.

사람들은 또 내가 어떤 특기할 만한 자취도 없이 직무를 넘겨 버렸다고 말한다. 그건 사실이다. 게다가 그들은 거의 모두가 일을 너무 많이 한다고 확신했던 때에 내가 일을 갑자기 중단했다고 비난한다. (……)

나는 어떤 관리가 졸고 있을 때 수하에 있는 사람들도 졸고 있으면 그를 비난하지 않는다. 법도 마찬가지로 졸고 있는 셈이다. 나로 말하자면, 미끄러지듯 빠져나와 이름도 없이 침묵하며 사는 삶을 칭송한다. (……)

내 직무에 수반된 질서와 달콤하고 안정된 평온에 대해 내게 감사하지 않는 사람은 적어도 운이 좋아 내게 속하게 된 그 몫을 빼앗지는 못할 것이다. 기질이 이러해서 나는 현명한 만큼이나 행복하기를 원하고, 나의 성공은 내가 열심히 일한 것 못지않게 순전히 하느님의 은총 덕분이라고 생각한다. 난 이런 공직을 수행하기엔 부족하다고 세상에 충분히 알렸다. 아니, 부족한 것보다 더 못한 것이 있다. 나는 부족하다는 게 전혀 기분 나쁘지 않고 스스로 세운 인생 설계를 고려해 내 경력을 수정할 마음도 없다. 이 중재 작업에 스스로 만족한 것도 아니다. 하지만 스스로 약속했던 바에는 얼추 도달했고, 남에게 약속한 바는 훨씬 더 넘치게 이루었다. 왜냐하면 내가 할 수 있고 성취하고자 하는 바보다 약속한 바가 더 적었기 때문이다. 확실히 말하거니와, 나는 어떠한 모욕도 혐오도 남기지 않았다. 나에 대한 아쉬움이나 바람이 남는다면, 그것이 적어도 내가 목적한 바가 아니라는 건 잘 알고 있다.

[3권 10장 「자기 의지의 관리에 대하여」]

나는 우리 시대에 갖가지 기적의 탄생을 목도했다.
(……) 개인의 잘못이 처음엔 공공의 잘못을 낳고, 다음
엔 공공의 잘못이 개인의 잘못을 야기한다. 이런 거대
한 구조가 이 손 저 손을 거치며 형성되고 살이 붙다 보
면, 가장 멀리 있는 증인이 가장 가까이 있는 증인보다
더 잘 알기도 하고, 마지막에 알게 된 사람이 제일 먼저
알게 된 사람보다 더 확신을 갖기도 한다. 이건 당연한
과정이다. 왜냐하면 뭔가를 믿는 사람은 누구나 다른
사람에게 그걸 설득하는 일이 자선 행위라 생각하고,
그러기 위해 다른 사람의 사고에 있다고 여겨지는 저
항이나 결함을 메우고자 자기가 필요하다고 보는 만큼
지어낸 이야기를 서슴지 않고 덧붙이기 때문이다.

　　나는 거짓말을 하는 것에 엄청난 양심의 가책을
느끼고, 내 말에 신뢰성과 권위를 부여하지 않으려 신
경을 쓴다. 그럼에도 내 이야기에 남이 반대하거나 이
야기 내용에 열이 오르면 흥분해서 활기 있는 목소리
와 몸짓으로 힘주어 말하며 주제를 크게 부풀린다. 또

한 마찬가지로 엄연한 진실에는 신경도 쓰지 않고 과
장하기도 한다. 그러나 여기에는 한 가지 조건이 있다.
내가 본연의 자리로 돌아오도록 솔직하고 있는 그대로
의 진실을 물어보는 사람이 있으면, 나는 곧장 이렇게
애쓰던 태도를 버리고 쓸데없는 강조나 과장이나 덧붙
임 없이 그 진실을 알려 준다. 나처럼 생생하고 시끄럽
게 말하는 경우에는 과장으로 치닫기 쉽다.

[3권 11장 「절름발이에 대하여」]

지금 그런 사람이 태어난다면 그를 높이 평가할 사람
은 별로 없을 것이다. 우리는 기교로 주의를 끌고 부풀
려진 가짜 빛에 의해서만 우아함을 식별할 뿐이다. 우
아함은 본래의 순수성과 단순성에서 빠져나가듯 우리
의 시야처럼 약하고 침침한 시야에서 쉽사리 벗어난
다. 우아함에는 섬세하고 은밀한 아름다움이 있다. 이
런 은밀한 빛을 제대로 보려면 명료하고 정화된 시각
이 필요하다. 소크라테스는 타고난 평이한 동작으로
자기 영혼을 움직여 간다. (……)

　　그는 헛된 망상을 전혀 펼치지 않는다. 그의 목적
은 좀 더 현실적이고 적절하게 삶에 도움이 될 금언과
사물을 우리에게 제공하는 데 있다. (……)

　　그는 항상 일관성이 있었다. 그리고 발작적으로가
아니라 기질적으로 스스로를 고양시켜 활력을 최고조
로 끌어올렸다. 아니, 더 좋게 말하자면 그는 아무것도
고양시키지 않았고, 오히려 모든 고난과 역경을 근본
적인 본래 상태로 되돌려 놓음으로써 그 활력을 가라

앉혔다. 카토의 경우 그것이 보통 사람의 기준을 훨씬 넘어선 강요된 행동이라는 게 뻔히 보인다. 그의 삶과 죽음의 용감한 행적에서도 늘 풍채 좋은 말에 올라타고 있는 그를 발견할 수 있다. 반면에 소크라테스는 땅 위에서 온화하고 일반적인 속도로 가장 유익한 담론을 다루고, 죽을 때에도 그리고 인간이 살면서 맞닥뜨릴 법한 가장 가혹한 고난을 겪을 때에도 인간 삶의 평범한 길을 가듯 행동했다. (……)

그가 죽음에서 용감할 수 있었던 것은 그의 영혼이 불멸이어서가 아니라 그가 죽을 수밖에 없는 인간이기 때문이었다. 선행善行 없이 종교적 믿음만으로 신의 정의를 충분히 만족시킬 수 있다고 설득하는 것은 모든 공익에 파멸을 초래하는 가르침으로, 교묘하고 섬세하기보다 해로운 부분이 훨씬 많다.

그가 아이의 순수한 상상에 이러한 질서를 부여하고, 그것을 고치거나 왜곡하지 않고 우리 마음의 가장 아름다운 효과를 자아냈다는 것은 정말 대단한 일이다. 그는 이것을 풍부하다거나 고상하다고 표현하지 않고 그저 건전하게, 그러면서 쾌활하고 순수히 건강하게 표현할 뿐이다. (……) 그는 하늘에서 시간을 낭비하던 인간의 지혜를 다시 땅으로 가져와 가장 정당하고 수고롭고 유용한 업적이 있는 인간에게 돌려주었다. (……) 그는 인간 본성이 스스로 무엇을 얼마나 할 수 있는가를 보여 줌으로써 그 본성에 큰 은혜를 베풀었다. 우리 각자는 우리가 상상하는 것보다 더 풍요롭지만, 빌려 오고 찾아오는 훈련을 받았다. 그리고 우리 것보다도 다른 이의 것을 사용하라고 배웠다.

우리가 이렇게 학문에 힘을 쏟아 스스로 무장하는 목적이 무엇일까? 지표면을 살펴보자. 그리고 거기에 흩어져 살며 열심히 땀 흘려 일하는 가난한 사람들을 생각해 보자. 그들은 아리스토텔레스나 카토도, 어떤 모범이나 금언도 알지 못한다. 자연은 그들로부터 매일같이 우리가 학교에서 호기심을 갖고 공부하는 것보다 더 순수하고 강건한 지조와 인내의 실례를 끌어낸다. 그들 중에 가난을 잘 모르는 경우를 나는 얼마나 다반사로 보는가? 죽음을 바라거나 혹은 어떤 두려움이나 고통도 없이 죽음을 돌파하는 경우는 또 얼마나 많은가? 지금 내 정원을 갈고 있는 저 인부는 오늘 아침에 자기 아버지 혹은 아이를 땅에 묻었다.

[3권 12장 「외모에 관하여」]

우리 나라가 몇 달 동안 내 머리를 무겁게 짓누르는 내전이라는 요란한 폭풍에 휩싸여 있을 때 나는 이 글을 쓰고 있었다. (……)

괴상한 전쟁이다! 다른 전쟁은 밖에서 벌어지는데, 이 전쟁은 그 자신에게 대항해 자신의 독으로 스스로를 망가뜨린다. 이 전쟁은 본질이 너무도 악의적이고 파멸적이어서 다른 나머지와 함께 자신도 망치며, 분노해 자신을 찢고 산산조각 낸다. 우리는 이 전쟁이 필수품의 부족 혹은 적군의 폭력에 의해서보다는 저절로 해체되어 버리는 것을 종종 본다. 모든 규율이 소용없다. 폭동을 가라앉히려 일어난 이 전쟁은 오히려 폭동으로 가득 차 버린다. 불복종을 벌하려다 불복종의 본보기가 되고 만다. 법을 지키려고 일어났다 자기편에 대항하게 된다. 우린 대체 어떤 상태인 것인가? (……)

마찬가지로 플라톤도 나라를 바로잡고자 폭력으로 평화를 해치는 것에 동의하지 않았고, 모든 것을 불안하고 위태롭게 하며 시민이 피를 흘리고 쓰러지게 만드는 개혁도 용납하지 않았다. (……) 그 점에선 세상에 플라톤이란 사람이 있다는 걸 알기도 전에 나는 이미 플라톤주의자였다. (……)

야망, 탐욕, 잔인함, 복수심은 그 자체로 본질적인 격렬함을 충분히 갖고 있지 않다. 정의와 헌신의 영광스러운 이름으로 그런 것을 유인해 부추기자. 부정한 행위가 합법화되고 관리의 허가로 미덕이라는 외투를 입고 설치는 것보다 더 나쁜 상황을 도저히 상상할 수 없다.

살아 있는 사람들이 고통받았으며, 아직 태어나지 않은 사람들도 마찬가지였다. 그들은 희망조차 빼앗겼고, 결과적으로 나도 그랬다. 수년 동안 살아가려고 모아 두었던 모든 것을 빼앗겼다.

이런 난리 외에 나는 몇 가지 다른 일도 겪었다. 나는 이런 병폐에 절제가 가져오는 곤란한 상황을 겪어 보았다. 나는 모든 편에서 두들겨 맞았다. 기벨린당이 볼 때 나는 겔프당이었고, 겔프당이 볼 때는 기벨린당이었다.* 이는 우리 시인 중 한 명의 표현인데, 출처는 모르겠다. 내 집의 상황, 이웃과의 친분이 나의 한 면모를 보여 주었고, 내 삶과 행동이 또 다른 면모를 보여

---

* 중세 말기 로마 교황과 신성 로마 황제의 세력 다툼에서 기벨린당은 황제를, 겔프당은 교황을 지지하는 분파였다.

주었다. 그것으로 정식 비난을 받지는 않았다. 왜냐하면 물어뜯을 꼬투리가 없었으니까. 나는 결코 법을 어기지 않았고, 그런 문제로 나를 추적한 사람이 있다면 아마 실패했을 것이다. (……)

나는 양심을 옹호하는 게 오히려 그것을 망치는 일이라 여긴다. 나는 자신을 해명하거나 핑계를 만들거나 설명하는 일을 늘 피해 왔는데, 일반적으로 이것은 운이 나에 대해 퍼뜨리는 해로운 추측을 스스로 돕는 꼴이다. 그리고 마치 모두가 나만큼이나 환히 내 속을 들여다봤다는 듯한 비난을 물리는 대신 스스로 이런 비난을 부추기며 비꼬고 조롱하듯 고백한다. 대답할 가치가 없는 일인 양 입 다물지 않는다. 하지만 이런 행동이 너무 오만한 자신감에서 나온 거라고 보는 사람은 변명의 여지가 없는 명분의 취약함에서 나온 거라고 보는 사람만큼이나 나를 무시한다. (……)

우리를 나약하고 나태하고 차츰 쇠약해지는 시대에 살지 않게 해 준 운명에 감사하자. 나는 역사에서 다른 나라의 이런 혼란상을 읽으며 내가 그 자리에 없었다는 것이 유감스러웠기 때문에, 내 눈으로 우리의 공적인 죽음이라는 주요한 광경과 증후와 형태를 목도하는 데서 호기심에 어느 정도 만족을 느낀다. 그리고 내가 이런 상황을 막을 수는 없기에, 거기에 있음으로써 스스로 알게 된 것에 만족한다. (……)

내 삶의 휴식과 안정을 위해 우리 나라가 망가지는 동안 얼마나 비열한 대가를 치르고 내 인생의 반을 보냈는지 솔직하게 고백할 수 있을까. 나는 나에게 직접 닥치지 않은 사건에 대해서는 너무 싸구려 인내심을 발휘한다. 그리고 내가 당한 일에 대해 불평할 때도 남에게 빼앗긴 것보다는 안팎으로 무사히 남은 것에 대해 하소연한다.

[3권 12장 「외모에 관하여」]

이에 뒤이어 또 다른 피해가 내게 닥쳤다. 집 안팎으로 지독한 전염병이 퍼진 것이다. 평소에 건강하던 몸이 더 심하게 병을 앓을 수도 있듯이 오직 이런 병에 의해서만 압박을 받기 때문에 누구의 기억에도 근처에 이런 전염병이 발을 들인 적 없이 매우 건강하던 내 집의 공기가 독소에 감염되자 이상한 효과가 발생했다. (……)

나는 이러한 이상한 상황을 겪게 되자 우리 집을 보는 게 두려워졌다. 집안의 모든 물건이 원하는 사람이면 누구든 집어갈 수 있게 방치된 채로 있었다. 무척 환대를 받던 나조차 내 가족의 피신처를 찾기가 정말 힘들었다. 뿔뿔이 흩어진 가족을 우리 자신과 친지들이 두려워하고, 정착하려는 곳이 어디든 공포감이 조성되고, 구성원 중 하나가 손가락 끝이라도 아프다면 바로 그곳을 떠나야 했다 그때는 모든 병이 역병으로 간주되었다. 병세를 자세히 들여다볼 겨를도 없었다. 의술의 법칙에 따라 위험이 닥쳐오면 40일의 격리 기간 동안 그 병인가 두려워해야 하며, 그동안에 상상력이 수시로 발동해 건강한 사람도 열이 났다.

만약 내가 여섯 달 동안 비참하게도 이 대상隊商들의 안내자 노릇을 하며 억지로 남의 고통을 느끼지 않아도 되었다면 이 모든 것에 훨씬 덜 영향을 받았을 것이다. 왜냐하면 나는 결단력과 인내심이라는 예방약을 늘 가지고 다녔기 때문이다. 이 병에서 특히 두려운 것인 앞날에 대한 불안은 딱히 나를 짓누르지 않았다. 만약 내가 홀몸이었다면 이 병에 기꺼이 걸렸을 것이다. 그것이 훨씬 힘 있게 더 멀리 도망치는 셈이었을 테니까. (……)

그런데 이 모든 사람의 순박함에서 우리가 보지 못한 단호함의 예는 무엇일까? 누구라 할 것 없이 저마다 보살피는 일을 전부 단념했다. 이 고장의 주산물인 포도는 손대는 사람 없이 나뭇가지에 그냥 매달려 있었다. 모두 무심하게 죽을 준비를 갖추고 두려움과는 거리가 먼 표정과 목소리로 오늘 밤일지 아니면 다음 날일지 예상하는 모습이 그 필연성과 타협하고 그것을 보편적이고 피할 수 없는 형벌로 여기는 것 같았다. 죽음은 언제나 그러했다. 하지만 죽겠다는 결심은 얼마나 별것 아닌 것에 좌우되는가? 겨우 몇 시간의 차이와

거리다. 다만 함께 있는 사람의 생각이 죽음에 대한 이해를 다양하게 해석하도록 만들 뿐이다. 이 사람들을 보라! 아이든 젊은이든 노인이든 모두 같은 달에 죽기에 더 이상 놀라지 않고 애통해하지도 않는다. 남들 뒤에 홀로 남는 것을 마치 끔찍한 고독에 빠지는 일인 양 두려워하는 몇몇 사람도 보았다. 그들은 오직 무덤에 대한 걱정만 했다. 사나운 짐승이 들판 여기저기에 흩어져 있는 망자의 유해에 곧장 떼 지어 달려드는 모습을 보고 그들은 괴로워했다. (……) 몇몇 사람은 건강한데도 벌써 무덤을 팠고, 산 채로 무덤에 눕는 사람도 있었다. 우리 집의 한 일꾼은 죽어 가면서 제 손발로 흙을 파 자신의 몸을 덮었다. 이것이 좀 더 편안히 잠들기 위해 피신하는 것 아니겠는가?

[3권 12장 「외모에 관하여」]

죽는 법을 모른다 해도 상관하지 말라. 자연이 당장 충분히 가르쳐 줄 것이다. 자연이 당신을 위해 즉각 그 일을 이행할 것이다. 그걸로 속 썩이지 말라. 우리는 삶을 걱정하기에 죽음을 곤란해하고 죽음을 걱정하기에 삶을 곤란해한다. (······) 죽음은 너무나 순간적인 일이다. 결실이 없고 골칫거리가 없는 15분간의 고통은 특별한 가르침을 따를 만한 가치가 없다. 사실을 말하자면, 우리는 죽음에 대한 준비를 하면서 채비를 차리는 셈이다.

사람은 취향이나 힘이 각기 다르다. 사람에 따라 다른 여러 방법으로 좋은 쪽으로 이끌어야 한다. (······) 우리가 말한 것처럼 사람들은 천박한 어리석음과 이해 부족으로 현재의 악을 참아 내고 미래의 불길한 사건에 매우 무심하다고 할 수 있지 않은가? 그들의 영혼이 더 탁하고 둔해져 침투당하거나 동요하는 경우가 덜하다고 할 수 있지 않은가? 그렇다면 이제부터 하느님의 이름을 걸고 어리석음의 학교를 운영해 보자.

[3권 12장 「외모에 관하여」]

아름다움

모든 위대한 자질에 있어 완벽한 전형이었던 소크라테스가 사람들 말대로 그 영혼의 아름다움과 어울리지 않게 그토록 얼굴과 몸이 못생겼다는 사실에 난 부아가 난다. 이건 자연이 잘못한 것이다. 육체와 영혼의 관계와 조화보다 더 그럴 법한 것은 없다. (……) 내가 얼마나 아름다움을 높이 평가하는지, 아름다움이 얼마나 강력하고 유리한 특질인지는 아무리 반복해서 말해도 지나치지 않다. 소크라테스는 아름다움을 짧은 독재라고 했으며, 플라톤은 자연의 특권이라고 했다. 멋진 외모보다 더 신뢰를 주는 것은 없다. 외모는 사람들의 교류에서 첫손에 꼽힌다. 남 앞에서 드러나며, 엄청난 권위와 경이로운 인상으로 우리의 판단을 유혹하고 사로잡는다. (……) 내 밑에서 일하는 자들뿐 아니라 짐승도 외모가 아름다우면 선善에 아주 가깝다고 난 생각한다.

　하지만 얼굴의 특징이나 모양 그리고 누군가는 우리의 내적 기질과 미래의 운을 예측할 수 있다고 하는 얼굴 생김새가 미와 추醜라는 장章에 직접 단순하게 포함되는 것은 아니다. (……) 못생긴 얼굴도 때로는 정직하고 신실한 분위기를 풍길 수 있고, 반대로 아름다운 두 눈 사이에서도 때로 못되고 위험한 본성의 위협을 읽을 수 있기 때문이다. 호감 가는 인상을 가진 사람이 있다. 누구든 승리를 구가하는 적의 무리에서, 처음 보는 사람 중에서 잘생긴 한 사람을 골라 승복하고 생명을 맡기려 할 테니까. (……)

나는 다른 데서도 말한 것처럼 옛 격언을 있는 그대로 단순하게 내게도 적용했다. 우리는 본성을 따르는 데서 실수할 리 없고, 그 굉장한 격언은 본성에 순응하자는 것이다. 나는 소크라테스처럼 이성의 힘과 미덕으로 타고난 본성을 고치지 않았고, 술수를 부려 내 성향을 저해하지도 않았다. 나는 이 세상에 온 것처럼 그저 일이 되어 가는 대로 둔다. 나는 그 어떤 것과도 다투지 않는다. 나의 주된 두 부분은 평화롭게 화합해서 있는 그대로 살아간다. 하지만 나를 먹여 살리는 젖은 (정말 다행하게도) 그럭저럭 건전하고 온도도 적당하다.

[3권 12장 「외모에 관하여」]

나는 모습으로나 해석으로나 호감이 가는 외모다. 그
래서 내가 그 자리에 있기만 해도, 또 분위기만으로도
나를 전혀 모르는 사람일지라도 남의 일이나 내 일에
대해 나를 매우 신뢰하는 경우가 종종 있었다. 그 덕분
에 타지에서도 특이하고 드문 호의를 받았다.

　　그러나 이 두 가지 경험은 특별히 이야기할 만한
가치가 있다. 어떤 사람이 내 집을 기습할 작정을 했다.
그의 술수는 우리 집 문 앞에 말을 타고 혼자 찾아와 다
급하게 들여보내 달라고 하는 것이었다. 나는 그의 이
름을 알고 있었고, 내 이웃과 지인처럼 그를 신뢰한 적
도 있었다. 나는 누구에게나 그러하듯 문을 열어 주라
고 했다. 그는 겁에 질린 표정으로 들어왔고, 그의 말은
빨리 달려오느라 숨이 차서 헐떡였다. 그는 내게 이런
얘기를 들려주었다. 우리 집에서 2킬로미터쯤 떨어진
곳에서 적과 마주쳤는데, 그 적은 나도 아는 사람으로
둘 사이의 다툼을 들은 바 있었다. 그런데 이 적이 매우
빠르게 박차를 가해 그를 추적하는 바람에 그리고 자

기편의 수도 더 적은 터라 황망 중에 기습당할까 봐 몸을 피하려고 우리 집 문을 두드렸다는 것이다. 그리고 그의 부하들이 너무 걱정된다고, 아마 죽었거나 잡혔을 거라고 했다.

나는 순진하게도 그를 위로하며 안심시키고 정신을 가다듬게 해 주려 애썼다. 그 직후 그의 병사 너덧 명이 똑같이 겁에 질린 표정으로 나타나 들여보내 달라고 했고, 또 그 뒤에 완전 무장한 다른 병사 서른 명 정도가 적에 쫓기는 시늉을 하며 나타났다. 이런 수상한 상황에 의혹이 들기 시작했다. 나는 내가 어떤 시대에 살고 있는지, 우리 집이 얼마나 선망의 대상이 될 수 있는지 모르지 않았다. 그리고 이런 불상사를 겪은 내 지인들의 다른 많은 예도 알고 있었다. 하지만 계속 문을 열어 주지 않으면 친절을 베풀려고 시작한 일이 아무 소득도 없이 끝날 거라 생각했고, 이 상황을 벗어나면 모든 일을 그르칠 것만 같았다. 그래서 나는 늘 그래 왔던 것처럼 가장 자연스럽고 단순한 방식으로 그들 모두를 집에 들였다. 사실대로 말하자면 나는 본성상 경계심이 많거나 남을 못 믿는 성격이 아니다. 나는 상대방의 변명을 받아들이는 쪽으로 쉽게 마음이 기울고 뭐든지 좋게 해석하는 경향이 있다. 나는 일반적인 질서에 의해 사람들을 받아들이며, 분명한 증거에 의해 확신이 서는 경우가 아닌 한 괴물이나 기적을 믿지 않듯이 남들이 이런 변태적이고 비정상적인 성향을 가졌다고도 믿지 않는다. 게다가 나는 스스로를 기꺼이 운에 맡기고 그 품에 덥석 안기는 사람이다. 그 점에서 이제껏 나는 자신에 대해 불평하기보다 칭찬하는 경우가 더 많았다. 그리고 운이 나 자신보다 더욱 신중하고 내 일을 잘 챙긴다는 생각이 들었다. 내 인생에서 어떤 행동은 어려운 행동 혹은 신중한 행동이라고 부를 만하다. 그런 행동에서 3분의 1이 내 의지에 따른 행동이라고 가정하면 다른 3분의 2는 의심의 여지 없이 운에 맡긴 행동이었다.

이 장정들은 말에 올라탄 채로 내 뜰에 서 있었고, 그들의 대장은 말을 마구간에 넣을 생각도 않고 나와 함께 거실로 들어가 자기 부하들의 소식을 듣는 즉시 철수하겠다고 말했다. 그는 자신을 이 계획의 우두머리라 생각했고, 이제 실행만 남았다고 보았다. 그 후에도 그는 전혀 거리낌 없이 이 얘기를 자주 했지만(그런 얘기를 하면서 전혀 부끄러워하지도 않았다) 내 얼굴과 솔직한 태도를 보고 감히 배신 행위를 할 엄두를 내지 못했다. 그는 다시 말에 올라탔다. 부하들은 그가 어떤 신호를 보내는지 눈을 떼지 않고 보다, 이렇게 유리한 상황을 포기하고 떠나는 걸 알고 깜짝 놀랐다.

또 한번은 우리 군대에 얼마 전에 선포된 어떤 휴전을 믿고 위험하고 민감한 지역을 거쳐 여행을 떠난 적이 있었다. 얼마 안 가 기마대 서넛이 나타나더니 사방에서 나를 잡으러 왔다. 그중 하나는 사흘째에 나를 추월해 붙잡았다. 복면을 쓴 열다섯에서 스무 명쯤 되는 자들이 구름떼 같은 경기병 부대를 거느리고 나를 공격했다. 나는 그들에게 붙잡혀 근처의 울창한 숲속으로 끌려갔고, 그들은 나를 말에서 끌어내리고 여행 가방과 궤짝을 다 수색하고 압수했으며, 말과 마구는 새로운 주인들이 나눠 가졌다. 이 숲속에서 내 몸값에 대해 논쟁이 벌어졌다. 몸값을 너무 높이 잡은 걸로 보아 그들은 내가 누구인지 모르는 게 분명했다. 그들은 나를 살려 줄지 말지를 놓고 격론을 벌였다. 사실상 나는 확실히 여러모로 위험한 상황에 빠져 있었다.

나는 계속 휴전이라는 명분을 내세우며, 그들이 이미 내게서 가져간 무시할 수 없는 양의 물건을 기꺼이 넘기기로 하고 다른 몸값은 약속하지 않았다. 그렇게 두세 시간을 그 자리에서 티격태격한 뒤에 그들은 나를 말에 태우고 도망칠 수 없게 열다섯에서 스무 명쯤 되는 화승총 부대에 맡겨 놓고 내 부하들은 다른 부대에 분산시키고 우리를 포로로 잡아 여러 갈래 길로 끌고 가라고 명령했다. 그리고 내가 이미 그들로부터 두세 걸음쯤 떨어져 잡혀가고 있을 때 갑자기 뜻밖에도 그들의 태도가 달라졌다. 그들의 대장이 내게로 돌아오더니 매우 공손한 말투로 자기 부대에 흩어진 내 물건을 찾아오게 하고 최대한 되찾은 것을, 심지어 궤짝까지도 내게 돌려주라고 했다. 하지만 그들이 내게 준 최고의 선물은 다름 아닌 자유였다. 그 당시에 나머지는 별로 중요하지 않았다. 이런 시기에 미리 계획하고 심사숙고해 관례상 정당하게 되어 버린 일(나는 잡히자마자 그들에게 내가 어느 편인지, 어디로 가는 길인지 다 얘기했다)에서 그들이 어떤 분명한 동기도 없이 이렇게 생각을 바꾸고 달라진 진짜 이유를 나는 아직도 잘 모르겠다. 가장 눈에 띈 사람이 복면을 벗고 이름을 밝힌 뒤, 내가 잘생기고 자유롭고 단호하게 말을 잘해 이런 불운을 당할 만한 사람이 아니라서 놓아 주는 거라고 여러 번 반복해 얘기하며 이 말을 믿어 달라고 했다. 어쩌면 하느님의 선의가 외모라는 이 헛된 도구를 나를 지키는 데 사용한 건지도 모른다. 그래서 다음 날에도 그들이 미리 경고한 더 위험한 매복에 걸리지 않을 수 있었던 것일지도. 나중에 나온 이 사람은 아직도 살아서 이 이야기를 하지만, 첫 번째 사람은 얼마 전에 살해당했다.

만약 내 얼굴이 나를 보증해 주지 않았다면, 사람들이 내 눈과 음성에서 의도의 순수함을 읽어 내지 못했다면, 나는 아무 말썽 없이 모욕도 당하지 않고 옳든 그르든 간에 아무 말이나 하고 사물을 무모하게 판단할 자유를 누리면서 절대 오래 버티지 못했을 것이다.

[3권 12장 「외모에 대하여」]

이성은 너무 여러 가지 모습을 띠고 있어서 우리는 어떤 것을 취해야 할지 모른다. 경험도 그에 못지않게 여러 모습을 띠고 있다. 우리가 비슷비슷한 사건들에서 도출해 내고자 하는 결과는 불확실하다. 사건이 너무 각양각색이기 때문이다. 이러한 사물의 모습에서 가장 보편적인 특질이 다종다양하다는 점이다. (……) 법률을 잘게 쪼개 다수의 법을 만들어 판사의 권위를 제한할 생각을 한 사람의 의견은 딱히 내 마음에 들지 않는다. 그는 법을 만드는 만큼이나 법을 마음대로 해석하고 확대 해석할 여지도 있다는 걸 깨닫지 못한다. (……)

우리는 이토록 강력하고 방종한 자유는 없었다고 할 정도로 판사들에게 자기 의견을 고집하고 결정을 내릴 여지를 많이 주고 있다. 우리 입법자들이 10만 종류의 개별 사례를 추리고 거기에 10만 조항의 법을 적용해 얻어 낸 게 대체 무엇인가? 그 숫자는 한없이 다양한 인간 행동에 비하면 아무것도 아니다. 우리가 몇 곱절의 조항을 지어낸다 해도 그 사례의 다양함에는 결코 미치지 못할 것이다. 거기에 백 곱절을 더해도, 선택되고 기록된 이 엄청난 수만 가지 사례에서 앞으로 일어날 사건 가운데 하나와 다른 판단이 요구될 어떤 상황과 다양성의 여지가 없을 만큼 정확하게 일치하는 다른 어떤 사례도 찾을 수 없을 것이다. 항상 가변적인 우리의 행동은 고정불변인 법과는 거의 무관하다. 우리가 가장 바라는 법은 가장 드물고 단순하고 일반적인 것이다. 그리고 우리가 가진 어마어마한 수의 법률보다 아예 하나도 갖지 않는 편이 낫다고 나는 믿는다. 자연은 언제나 우리가 스스로 만든 법보다 더 훌륭하고 행복한 법을 제공해 준다.

[3권 13장 「경험에 대하여」]

○　　　　　　　　　**법률가**

우리의 공통 언어는 다른 모든 용례에서는 매우 이해
하기 쉬운데, 계약서와 유언장에서는 왜 모호하고 무
슨 말인지 모르게 되어 버리는 것일까? 그리고 말이든
글이든 표현을 아주 분명하게 하는 사람도 이런 문서
에서는 왜 의견만 표명했다 하면 의혹과 모순에 빠지
고 마는 것일까? 이 기술의 달인들이 특별히 주의를 기
울여 엄숙한 단어를 추리고 예술적인 문장을 고안하
고 각 음절의 무게를 달고 온갖 접속사를 철저하게 살
핀 탓에 이제 무한한 형상과 세세한 조각으로 뒤엉키
고 혼란스러워져 더는 어떤 원칙이나 규정에도 들어맞
을 수 없고 무슨 소리인지 모르게 되어 버린 것이 아니
라면 말이다.

[3권 13장 「경험에 대하여」]

이제껏 두 사람이 동일한 것에 대해 똑같은 판단을 한 적은 없었다. 또 여러 사람뿐 아니라 한 사람의 경우에도 서로 다른 시간에 두 가지 의견이 정확히 똑같아지기는 불가능하다. 나는 보통 주석이 달리지 않은 부분에는 의심을 갖는다. 내가 아는 말馬―평탄한 길을 갈 때도 비틀거리는―처럼 나는 평탄한 길에서조차 가끔 비틀거린다. 신성한 책이든 세속적인 책이든 세상 사람들이 부지런히 읽는 책에서 해석으로 내용의 어려움을 해결해 주는 책을 하나도 찾아볼 수 없으니, 주석이 있어도 의혹과 무지가 늘어나기만 한다고 누군들 말하지 않겠는가? 백 번째 주석은 첫 주석에 설명된 것보다 더 까다롭고 알쏭달쏭한 채로 그것을 다음 주석에 넘긴다. 우리가 이런 말에 동의한 적이 있는가? "이 책은 이만하면 됐다. 더 이상 무슨 말을 하겠는가?"

우리는 사물을 해석하기보다 해석을 해석하는 데 더 고심한다. 책에 대해 쓴 책이 다른 주제에 대해 쓴 책보다 많다. 우리는 스스로에 관해 주석을 다는 일밖에 하지 않는다. 모든 곳에 주석이 득시글거린다. 저자다운 저자는 매우 드물다.

[3권 13장 「경험에 대하여」]

다행히 여태까지 어떤 판사도 내 문제로든 제삼자의
문제로든, 형사 사건으로든 민사 사건으로든 판사로서
내게 말을 한 적은 없다. 어떤 감옥에도, 심지어 잠시
분위기 좀 바꿔 보자는 뜻에서라도 갇힌 적이 없다. 감
옥을 밖에서 보는 상상만으로도 나는 불쾌해진다. 나
는 자유에 너무 심취한 나머지, 인도의 어느 구석에 가
는 것이 금지되었다고 하면 살아가기가 좀 더 불편해
질 것이다. 그리고 어디서라도 탁 트인 땅이나 공기를
발견하는 한, 내가 숨어 있어야 할 곳에 절대 숨어 있지
않을 것이다. 맙소사! 눈앞에 보이는 수많은 사람이 이
나라의 법을 갖고 왈가왈부했다 하여 이 왕국의 한구
석에 붙박인 채 주요 도시와 궁정에 드나들 권리를 빼
앗기고, 누구나 다니는 도로도 이용하지 못하는 비참
한 상황에 처한다면 얼마나 견디기 힘들겠는가. 내가
준수하는 법이 손끝만큼이라도 날 위협한다면, 나는
당장 다른 법을 찾아갈 것이다. 우리가 지금 겪는 이 내
전에서 나는 이 전쟁 때문에 통행의 자유가 방해받지

않도록 모든 신중함을 발휘한다.

그런데 법은 본질적으로 정당해서가 아니라 법이기 때문에 신용을 유지한다. 그것이 법이 지닌 권위의 신비로운 토대다. 다른 어떤 토대도 없다. (……)

법만큼 무겁고 방대하게 그릇된 것도, 그처럼 아무렇지도 않게 잘못을 범하는 것도 없다. 법이 정당하다고 생각해 복종하는 사람이라고 해서 모두 지켜야 할 정당한 방식으로 복종하는 것은 아니다.

[3권 13장 「경험에 대하여」]

○ 자연법칙

철학자는 우리에게 자연법칙에 대해 말하고 그 말은
지당하다. 하지만 이 법칙은 숭고한 지식과는 무관하
다. 그들은 이 법칙을 변조해, 너무 도드라지고 복잡
한 색채로 외양을 그려 우리에게 보여 준다. 그래서 단
일한 대상이 너무 다른 여러 모습으로 나타난다. 자연
은 우리에게 걸을 수 있는 발을 주었듯 우리 삶을 인도
할 신중함도 주었다. 인간이 가장 단순하게 자연에 충
실한 것은 가장 신중하게 충실한 것이다. 오, 아는 것도
호기심도 없다는 것은 정연한 머리를 눕히기에 얼마나
푹신하고 편안하고 유익한 베개인가!

[3권 13장 「경험에 대하여」]

판단은 내게 주요한 자리를 차지한다. 적어도 그렇게 되도록 주의 깊게 노력한다. 판단은 변하거나 타락하는 일 없이 나 자신이 지닌 욕구, 즉 미움과 사랑을 그대로 내버려 둔다. 판단은 다른 부분을 자신에게 맞춰 바꿀 수는 없다 해도, 적어도 그것 때문에 그 자체가 변질되지는 않을 것이다. 그것은 따로 제 길을 간다. (……) 무지함을 깨닫기 위해선 어느 정도 총기가 있어야 한다. 그리고 문을 밀어 봐야 잠겼는지 아닌지 알 수 있다. (……) 확언과 아집은 어리석음의 명백한 표징이다.

[3권 13장 「경험에 대하여」]

우리의 행동을 서로 합치는 것도 어려울 뿐 아니라 하나하나 따로 떼어 주요한 특질을 적절히 구현하는 것도 어렵다고 생각한다. 같은 행동도 어떻게 보느냐에 따라 이중으로, 여러 색채로 보이기 때문이다. (……)

가로지르지도 않고 놀랍게 모순되지도 않는 행보란 전혀 없고 그럴 만큼 단순한 능력도 없기 때문에, 언젠가 누가 근사한 인간이라는 결론이 내려진다면 그가 알 수 없는 존재로서 알려지기 위해 가장하며 무진 애를 쓰고 있다는 뜻일 것이다.

[3권 13장 「경험에 대하여」]

생활 방식과 개인적 습관

젊은이가 활력을 북돋고 심신이 쇠약해지거나 녹슬지 않게 유지하려면 자신의 규칙을 깨야 한다. 명령과 규율에 따라 움직이는 것만큼 약하고 어리석은 삶은 없다. 만약 그가 내 말을 믿는다면 도에 넘치는 일도 종종 해야 한다. 그렇지 않으면 조금만 문란하게 생활해도 몸이 망가지고 말 것이다. 그리고 사람들과의 교제도 성가시고 불쾌해질 것이다. (……)

비록 내가 (할 수 있는 한) 자유롭게 행동하고 무관심하게 구는 것에 익숙해졌다 해도, 나이가 들면서 태평하게 어떤 형식에 더 의존하게 되었으며(나는 이제 관습에 구애를 받을 나이도 지났고 이제부터는 현상 유지밖에 다른 할 수 있는 것이 없다) 습관이 이미 생각할 겨를도 없이 내 안에 어떤 사물의 특성을 지나치게 각인시킨 바람에 그런 습관을 버린다는 것은 지나친 일로 보인다. 그리고 노력하지 않고는 낮잠을 잘 수도, 간식을 먹을 수도, 아침 식사를 할 수도 없고, 저녁 식사 뒤에 세 시간 정도의 긴 간격을 두지 않으면 잠

자리에 들 수도 없다. (……) 또 몸에서 땀이 나는 걸 견디지 못하고, 맹물이나 포도주를 마시지 못하고, 모자를 쓰지 않고 맨머리로 오래 있지 못하고, 저녁 식사 후에 머리를 깎지도 못한다. 그리고 장갑을 끼지 않으면 셔츠를 입지 않은 것처럼 불편하고, 아침에 일어날 때나 식탁에서 일어날 때 손을 씻지 않고는 견디지 못하고, 침대에 덮개와 커튼을 치지 않고는 눕지 못한다. 나는 식탁보를 덮지 않고 식사할 수 있지만 독일인이 흔히 그러듯 깨끗한 냅킨이 없으면 매우 불편함을 느낀다. 나는 독일 사람이나 이탈리아 사람보다 더 냅킨을 더럽힌다. 그리고 스푼이나 포크는 거의 쓰지 않는다. 나는 왕들이 시작한 방식대로 매번 요리가 나올 때마다 냅킨도 새로 내오는 관습을 따르지 않는 것이 유감이다. 우리는 근면한 병사 마리우스가 나이 들면서 술을 마실 때 점점 까다로워져 나중엔 자기만의 특별한 잔에만 마셨다는 이야기를 들은 바 있다. 나도 마찬가지로 일정한 모양의 유리잔을 선호한다. 그리고 누구나 쓰는 잔은 꺼리며 아무나 따라 주는 술은 더더욱 마시지 않는다. 나는 밝고 투명한 소재가 아니고 금속으로 된 잔은 모두 싫어한다. 내 눈도 그 능력에 따라 맛을 볼 수 있어야 한다.

　나의 이런 까다로운 면은 습관 탓이기도 하다. 다른 측면에서도 자연스럽게 이렇게 되었다. 하루에 두 끼를 잔뜩 먹으면 속이 거북해지고, 한 끼라도 거르면 오래 배가 아프고 입이 마르고 심하게 식욕을 느낀다.

[3권 13장 「경험에 대하여」]

건강할 때나 아플 때나 나는 기꺼이 나를 압박하는 그 욕구를 따라왔다. 나는 내 욕망과 성향에 큰 권위를 부여한다. 나는 병을 다른 나쁜 걸로 고치는 것을 좋아하지 않는다. 나는 질병보다 사람을 더 힘들게 하는 치료제를 싫어한다. 복통에 시달리면서 굴을 먹는 즐거움을 삼가야 하는 것은 이중으로 안 좋은 일이다. 한쪽에서는 질병이 우리를 괴롭히고 다른 한쪽에서는 규칙이 괴롭힌다. 우리가 잘못을 저지를 위험은 항상 있으므로, 차라리 좋을 대로 하면서 위험을 감수하게 두자. 사람들은 대부분 그 반대로 하며, 괴롭지 않은 것은 전혀 쓸모가 없다고 생각한다. 그들은 편한 것을 의심한다. 나의 욕구는 여러 가지 것에 충분히 만족스럽게 맞추어져 그 자체로 내 위장의 건강에 부응해 왔다. 젊었을 때는 소스의 신맛과 톡 쏘는 맛이 좋았다. 그 후로는 내 위가 그런 것을 거부해 입맛도 곧바로 그에 따라 바뀌었다. 포도주는 아픈 사람에겐 해롭다. 포도주가 제일 먼저 내 입맛에 안 맞아 그걸 봐도 전혀 입맛이 동하지 않게 되었다. 내키지 않는 것은 뭐든 나에게 해롭다. 그리고 식욕이 동해 즐겁게 먹는 것은 뭐든 해로운 게 없다. 마음이 나서 자발적으로 하는 행동이 해로웠던 적은 없다. 그래서 모든 의학적 결정은 광범위하게 나 좋은 대로 하게 되었다. (……)

　우리는 순순히 우리 조건의 법칙을 참고 견뎌야 한다. 우리는 아무리 의술이 좋아도 늙고 쇠약해지고 병들 수밖에 없다.

　피할 수 없는 것은 참고 견딜 줄 알아야 한다. 우리의 삶은 이 세상이 조화를 이루듯 상반되는 것으로 구성되어 있다. 부드럽고 거칠고, 날카롭고 무디고, 활기차고 장중한 여러 가지 조로 말이다. 음악가가 그중 어떤 것만 좋아해야 한다면 과연 무엇을 할 수 있을까? 그는 이 모든 것을 사용해 서로 섞어 쓰는 법을 알아야 한다. 우리도 우리 삶과 동체인 선악을 섞을 줄 알아야 한다. 이렇게 혼합하지 않으면 우리 존재는 존속할 수 없으며, 둘 다 각각에 못지않게 꼭 필요한 요소다.

[3권 13장 「경험에 대하여」]

갑작스럽고 격렬하기 이를 데 없는 복통을 겪으며 극심한 통증을 느끼다 담석을 제거해* 아주 자유롭고 충만한 건강이라는 아름다운 빛을 회복하게 되었을 때, 마치 번개가 치듯 갑작스러운 이런 변화만큼 기분 좋은 일이 또 있을까? 이렇게 통증에 시달리다 몸이 회복되며 느끼는 쾌감을 무엇에 비할 수 있을까? 병을 앓고 나니 건강이 얼마나 더 멋져 보이는지! 건강은 병과 아주 가깝고 가장 두드러진 면모를 보일 때에야 알아볼 수 있으니, 병을 앓은 뒤에 얻은 건강은 얼마나 더 소중하겠는가! (……)

　　몸이 안전하게 낫기까지 너무나도 많은 우연과 단계를 거쳐야 하니 끝이라곤 절대 없다. 두건을 벗고 모자를 쓰게 되기 전까지, 바람을 쐬거나 포도주를 마시거나 아내와 함께 눕거나 멜론을 먹을 여유가 생기기 전까지 다시 새로운 병에 걸리지나 않으면 다행이다.

[3권 13장 「경험에 대하여」]

---

*몽테뉴는 신장결석을 앓았다.

개인적 습관

젊은이에게 가장 권할 만한 것이 활동과 각성이다. 우리 삶은 움직임일 뿐인데, 나는 운신하기조차 힘이 들며 매사에 느리다. 일어날 때나 잠자리에 들 때나 식사할 때나 늘 그렇다. 아침 7시가 내겐 이른 시간이고, 집에서는 11시가 넘어서야 첫 식사를 하고, 저녁도 6시가 넘은 뒤에야 먹는다. 예전에는 내가 열병과 이런저런 병을 앓은 이유가 잠을 많이 자서 멍해지고 몸이 무거워진 탓이라 보고, 아침에 깼다 다시 자는 습관을 반성했다. 플라톤은 잠을 많이 자는 것을 술을 많이 마시는 것보다 더 안 좋게 보았다. 나는 왕처럼 딱딱한 침대에서 이불을 잘 덮고 심지어 여자도 없이 혼자 누워 잠들기를 좋아한다. 나는 침대를 따뜻하게 덥힌 적이 한 번도 없다. 하지만 나이가 들고 나서는 발과 배를 따뜻하게 하기 위해 이불을 덮는다. 내 습관에서 까다로운 게 있다면 다른 무엇보다도 잠자는 습관일 것이다. 하지만 나는 일반적으로 누구보다도 잠을 잘 자야 할 필요성을 절감하며 이에 부응한다. 잠은 내 삶의 큰 부분을 차지하고, 지금 이 나이에도 여덟아홉 시간을 내처 잔다. 나는 유익하게도 이 게으른 성향에서 점점 벗어나고 있으며, 분명히 더 좋아지고 있음을 느낀다. 정말로 그런 변화를 약간 느끼긴 하지만, 그것도 사흘뿐이다. 그리고 필요할 때에 나만큼 적게 자며 살아가는 사람도 없고, 나보다 더 꾸준히 운동하는 사람도 없고, 나만큼 고된 일을 덜 괴로워하는 사람도 없다. 내 몸은 견실한 운동은 할 수 있지만 격렬하거나 급격한 운동은 못한다. 나는 땀이 나는 격한 운동은 피한다. 그랬다간 팔다리가 후끈해지기도 전에 지쳐 버릴 것이다. 나는 하루 종일 서서 버틸 수 있고, 아무리 걸어도 지치지 않는다. 하지만 어렸을 때부터 포장도로는 말을 타고 가는 것을 좋아했다. 걸어가면 엉덩이까지 흙투성이가 된다. 그리고 어린아이는 외양으로 볼 때 덜 자라서 어른에게 떠밀리거나 팔꿈치에 부딪힐 수도 있다.

[3권 13장 「경험에 대하여」]

○　　　　　　　　**군대 생활**

군인만큼 즐거운 직업도 없다. 이는 직업이면서 고귀
한 실천이기도 하다(왜냐하면 모든 미덕 중 가장 강하
고 관대하며 숭고한 것은 용맹이니까). 그리고 명분도
고귀하다. 자기 나라의 평안과 위대함을 지키는 것보
다 더 보편적이고 정당하게 유용한 일은 없다. 고매하
고 젊고 활동적인 많은 사람과 함께 생활하는 것은 즐
거운 일이다. 늘 눈앞에 펼쳐지는 수많은 비극적인 광
경, 자유롭게 나누는 꾸밈없는 대화, 격식 없고 사내다
운 생활 방식, 다양하고 숱한 행동, 귀와 영혼을 후끈하
게 달구는 군가의 힘을 북돋는 화음, 이 직업의 명예로
움, 그 혹독함과 어려움까지도 마음에 든다.

[3권 13장 「경험에 대하여」]

○ 타고난 자족감

마음처럼 몸도 뜻대로 할 수만 있다면 우리는 좀 더 편하게 살아갈 수 있을 것이다. 그 당시에 나의 마음은 어떠한 곤란함도 없었을 뿐만 아니라 보통 그러하듯 반은 기질상, 반은 의도상 만족감과 유쾌함으로 가득 차 있었다. (……) 나는 내가 지금 겪는 것처럼 자연히 몸이 쇠약해지는 것에 대해 불평하지도 않는다. 그리고 나의 생명이 떡갈나무처럼 오래 지속되지 않는다고 슬퍼하지도 않는다. 내 상상력에 트집을 잡을 명분도 없다. 그동안 살면서 가끔 날 깨우긴 했지만 괴롭히진 않았던 욕망 말고는 자다가 벌떡 일어날 만큼 지나친 생각이나 근심도 없었다. 나는 꿈을 거의 꾸지 않는다. 꾸더라도 보이는 것은 즐거운 생각에서 나온 과장된 환영으로 보통 슬프다기보다 우스꽝스러운 것이었다. 나는 꿈이 우리 성향의 충실한 해석자라는 말은 사실이라고 생각한다. 하지만 꿈을 분류하고 이해하는 데는 대단한 기술이 필요하다.

[3권 13장 「경험에 대하여」]

개인적 취향

나는 식사 때 음식을 가리지 않고 보통 가장 먼저 나오는 것과 가장 가까이 있는 것부터 먹으며, 입맛에 변덕이 심하지 않은 편이다. 많은 가짓수의 요리와 다양한 서비스는 사람이 많이 모인 것이나 마찬가지로 그리 달갑지 않다. 나는 적은 수의 요리에 쉽게 만족한다. 연회에서는 손님이 맛있게 먹는 고기 요리를 빼앗듯 가져가고 새 요리를 계속 차려 내야 하며, 만약 손님에게 다양한 새의 엉덩잇살을 잔뜩 대접하지 않으면 변변찮은 만찬이고, 꾀꼬리만이 통째로 먹을 만하다고 한 파보리누스의 말은 내 비위에 거슬린다. 나는 주로 소금에 절인 고기를 먹어서 빵은 소금을 넣지 않은 것을 좋아한다.

내가 먹는 빵을 만드는 사람은 이 지역의 관습과 반대로 이런 빵만 만든다. 내가 어릴 적에 사람들은 어린아이가 으레 좋아하는 달콤하게 양념한 고기나 설탕 절임, 마지팬* 같은 것을 먹지 않으려 하는 내 입맛을 고치려 애썼다. 내 가정교사는 입에 맞지 않는다고 그

---

*아몬드, 설탕, 달걀을 섞어 오븐에 구운 과자.

런 맛있는 것을 안 먹으려 드는 건 큰 잘못이라고 지적했다. 사실상 이것은 어디에 적용하건 까다로운 취향일 뿐이다. 어린아이가 두 번 구운 빵이나 돼지기름이나 마늘을 고집스럽게 좋아하는 것을 고치려 하면 아이는 맛있는 것을 싫어하게 된다. 자고새 고기가 있는데도 소고기나 돼지고기가 없다고 아쉬워하는 사람이 있다. 그건 좋은 시절 얘기다. 까다로운 사람의 까다로운 버릇이다. 평범한 것을 싫어하는 나약한 운에 따른 입맛이다.

사실상 이런 차이가 있다. 가장 얻기 쉬운 대상에 대한 욕망을 억누르는 것이 낫지 자기 자신까지 억압하는 것은 악덕이다.

식사 자리에 오래 앉아 있는 것은 피곤하고 몸에 해로운 일이다. 어릴 때부터 버릇이 들어서인지 식탁에 앉아 있는 동안은 계속 먹기만 하기 때문이다. 그래서 난 집에서는 간단한 식사를 할 때라도 보통 남들보다 조금 나중에 식탁에 앉는다. 반대로 식사 후에는 오래 앉아서 다른 사람들이 나누는 대화를 듣기를 좋아한다. 나는 감히 대화에 끼어들지 않는데, 배가 부를 때 말을 하면 지치고 몸에 해롭기 때문이다. 그래서 음식이 나오기 전에 큰 소리로 말하고 논쟁하는 훈련은 아주 기분 좋고 건강에도 좋다고 생각한다. (……)

내 시중을 드는 사람은 내게 해롭다고 생각되는 것을 쉽게 치워 둘 수 있을 것이다. 나는 내 눈에 보이지 않는 것은 결코 바라거나 탓하지 않으니까. 하지만 뭐든 일단 내 앞에 놓이면 아무리 자제하라고 말려도 소용없다. 그래서 절식을 하고자 할 때는 식사하는 다른 사람들과 따로 앉아서 규정된 식사에 필요한 음식만 차리도록 해야 한다. 다른 사람들과 함께 식탁에 앉으면 내 결심을 잊어버리기 때문이다.

만약 내가 요리사에게 차려진 음식을 바꾸라고 하면, 집안 하인들은 내 식욕이 떨어져 그 음식에 손도 대지 못할 거란 걸 안다. 나는 온갖 고기를 덜 익히거나 구워 먹는 걸 좋아하고 몇몇 종류는 냄새가 변할 만큼 완벽하게 숙성시킨 것을 선호한다. 내 입맛에 맞지 않는 것은 딱딱하고 질긴 것뿐이다(그 밖의 어떤 품질에도 나는 내가 아는 누구 못지않게 무관심하며 뭐든 잘 먹는다). 그래서 통념과는 반대로 심지어 생선조차 너무 신선하고 단단하다고 꺼리는 경우가 종종 있다. 치아에 문제가 있어서가 아니다. 내 치아는 늘 상태가 매우 좋았고, 나이 든 지금에야 좀 걱정이 되기 시작했다. 나는 어렸을 때 아침에 일어나서 그리고 식탁에 앉을 때와 일어날 때 냅킨으로 이를 문지르라고 배웠다.

하느님은 사람의 생명을 조금씩 빼앗아 가는 것으로 은총을 내린다. 그것이 노년의 유일한 혜택이다. 마지막에 죽을 때는 그동안 조금씩 죽어 왔기에 그만큼 덜 고통스러울 것이다. 그것은 사람의 반이나 반의 반만 죽이는 죽음일 것이다. 지금 나의 이 하나가 통증도 없이 저절로 툭 빠져 버렸다. 그것이 그 이 본연의 수명이다. 내 존재에서 그 부분과 다른 여러 부분이 이미 명을 다했고, 내가 혈기 왕성하던 시절에 가장 팔팔했던 다른 신체 기관도 반쯤 죽었다. 그래서 나는 무너져 내리고 나 자신으로부터 빠져 나간다. (······) 내 죽음에 대해 생각할 때, 그 죽음이 공정하고 자연스럽고 이제 운명의 호의를 요구하거나 바라는 건 부당한 일이기에 할 수 없다고 생각할 때 나는 크고도 특별한 위안을 받는다. 사람들은 예전에는 키가 아주 컸던 만큼 더 오래 살았다고 믿는다. 하지만 그 옛날에 살았던 솔론은 키가 컸어도 70세까지밖에 못 살았다.

[3권 13장 「경험에 대하여」]

내게 아들이 있다면 나는 기꺼이 그가 나처럼 운이 좋길 빌었을 것이다. 하느님이 내게 내리신 선한 아버지(그의 선하심에 나는 감사밖에 드릴 게 없다. 그 마음은 정말로 진실한 것이다)는 내가 요람에 있을 때 그의 영지에 있는 가난한 마을로 나를 보냈고, 거기서 나는 유모의 젖을 뗄 때까지 오랫동안 가장 천하고 가장 평범한 방식으로 양육되었다.

자녀 양육의 의무를 절대 떠맡지 말라. 또한 아내에게도 그 의무를 덜 지우라. 운에 맡겨 대중적이고 자연스러운 법칙에 따라 자라게 두라. 관습에 맡겨 검소함과 엄격함에 단련되게 하라. 아이들이 혹독한 생활로 격이 올라가기보다 내려가게 하기 위해서 말이다. 아버지의 계획에는 다른 목적도 있었다. 내가 우리의 도움을 필요로 하는 사람들과 그들이 처한 조건에 친숙해지도록 해서, 내게 등을 돌리는 사람보다는 손을 내미는 사람을 바라보게 하려는 것이었다. 그리고 그런 이유로 가장 비천한 사람들을 돕고 애착을 갖도록 그들 곁에 나를 붙여 둔 것이었다. 그 목적이 성공하지 못한 건 아니다. 더 큰 영광을 위해서건, 내 안에 강하게 자리한 연민 때문이건 나는 기꺼이 낮은 자들에게 다가가려 한다.

[3권 13장 「경험에 대하여」]

무관심과 적당한 것을 그토록 좋아했던 내가 터무니없이 엄청나게 오래 살 거라고 주장할까? 자연의 흐름에 역행하는 일은 뭐든 불쾌하겠지만 자연에 따르는 일은 항상 만족스러울 것이다.

　　죽음은 곳곳에서 우리의 삶에 끼어들고 뒤섞인다. 쇠퇴가 내 시간을 차지하고 있으며, 우리가 나아가는 길에도 알게 모르게 스며든다. 내게는 스물다섯 살과 서른다섯 살 때 그린 초상화가 있다. 나는 이 그림을 종종 지금의 것과 비교해 본다. 아무리 봐도 더 이상 내가 아니다. 그것과 지금 내 모습과의 차이는 내가 죽을 때의 모습과 현재 모습의 차이보다 얼마나 더 큰가! 자연을 몰아붙여 우리를 버리고, 우리의 행동, 우리의 눈과 이와 다리와 나머지 모든 부분까지 포기하고 외부에서 구걸한 도움의 손길에 맡기고, 우리를 쫓다 지쳐 기술의 손에 넘길 수밖에 없게 하는 건 자연을 지나치게 학대하는 일이다.

　　나는 멜론 말고는 야채나 과일을 그다지 좋아하지

않는다. 우리 아버지는 소스라면 다 싫어하셨다. 반면 나는 각종 소스를 다 좋아한다. 과식을 하면 속이 거북하다. 하지만 어떤 고기든 내 몸에 해로운 것 같지는 않다. 나는 지금이 보름인지 그믐인지 봄인지 가을인지 잘 모른다. 우리 안에는 변덕스럽고 알 수 없는 움직임이 있다. 예를 들면 처음에는 고추냉이가 아주 입에 맞았는데 다음엔 역겹게 느껴지더니 지금은 다시 좋아졌다. 여러모로 내 위장 상태와 입맛이 다양해진다는 느낌을 받는다. 나는 백포도주에서 색이 연한 적포도주로 바꿨다 다시 적포도주에서 백포도주로 바꿨다. 나는 생선을 즐겨 먹는다. 그래서 고기를 먹어도 되는 날에 고기를 안 먹고, 오히려 금육일에 포식하기도 한다. 어떤 이들은 생선이 고기보다 잘 소화된다고 하는데, 나도 그렇게 생각한다. 생선을 먹는 날에 일부러 고기를 먹기도 하고 때론 생선과 고기를 섞어 먹기도 한다. 이런 다양함은 내가 보기에 좀 너무 나간 것 같다.

젊은 시절부터 나는 가끔씩 식사를 거르는 버릇이 있었다. 다음 날 입맛을 더 돋우기 위해서였다. 에피쿠로스가 풍성한 식사 없이도 그럭저럭 살 수 있게 단식을 하거나 간소한 식사를 했다면, 나는 반대로 풍성한 식사를 더 잘 즐길 수 있도록 식욕을 돋우기 위해 간단히 먹었던 것이며, 또한 신체나 정신 행동에 도움이 되도록 기력을 잘 유지하려고 단식을 했던 것이다. 과식은 신체나 정신 모두를 지나치게 둔하게 만들기 때문이다. 그리고 무엇보다도 그토록 건전하고 경쾌한 여신과 술 냄새를 풍기며 소화가 안 되어 트림을 해 대는 작달막한 남신을 어리석게 짝지어 주는 게 싫었고, 또 나의 아픈 위장을 회복하기 위해 혹은 함께 식사할 적당한 친구가 없어서 단식을 했다. 나는 에피쿠로스가 말한 것처럼 무엇을 먹는가보다는 누구와 먹는가를 봐야 한다고 말한다. 그리고 킬론이 페리안드로스의 연회에 누가 오는지 확실히 알기 전까지 참석을 약속하지 않은 것을 칭찬한다.* 사람들과의 교류에서 얻는 것보다 더 입에 맞는 음식도, 더 구미가 당기는 소스도 없다.

[3권 13장 「경험에 대하여」]

---

*킬론은 스파르타 사람으로 그리스의 칠현인 중 한 명이고, 페리안드로스는 고대 그리스의 도시국가 코린토스의 참주로 마찬가지로 칠현인 중 한 명으로 꼽힌다.

쾌락의 올바른 향유

세속적인 일밖에 모르는 나는 육체를 가꾸는 일을 멸시하고 적대시하게 하는 비인간적인 지혜를 싫어한다. 또 자연스러운 쾌락을 혐오하는 것도, 쾌락에 너무 심취하는 것도 똑같이 옳지 못한 일이라 본다. (……)

아리스토텔레스가 말하듯 어리석게도 미개해서 그런 쾌락을 역겨워하는 사람도 있다. 또 나는 야망 때문에 그런 태도를 취하는 몇몇 사람도 알고 있다. 그런 사람들은 왜 숨쉬기는 그만두지 않는가? 왜 그들은 자신의 것으로만 살지 않는가? 왜 만들어 내거나 노력하지 않아도 공짜로 얻어지는 빛은 거부하지 않는가? 케레스나 베누스나 바쿠스 대신 마르스나 팔라스나 메르쿠리우스*가 그들을 보려고 빛이 있게 한 것인가?

우리의 몸은 식탁에 앉아 있는데 정신은 구름에 올려놓으라고 명령하는 것을 나는 싫어한다. 나는 정신을 한자리에 묶어 두거나 정체시키지 않을 것이다. 열심히 먹게 할 것이다.

나는 춤출 때에는 춤추고 잘 때에는 잔다. 혼자서

---

* 로마신화에서 케레스는 대지의 여신, 바쿠스는 술의 신, 마르스는 전쟁의 신, 팔라스는 지혜의 여신, 메르쿠리우스는 상업의 신이다.

아름다운 과수원을 거닐 때 내 생각이 일정 시간 동안 바깥일에 쏠린다면 다시 이 산책, 과수원, 달콤한 고독함, 나 자신에게로 생각을 돌려놓는다. 자연은 어머니처럼 우리의 필요를 위해 우리에게 명령한 행동이 또한 우리에게 즐거운 일이 되도록 해 왔으며, 이성에 의해서뿐만 아니라 욕구에 의해서도 그렇게 하도록 한다. 그러니 자연의 법칙을 위반하는 건 옳지 못한 짓이다.

우리는 얼마나 지독한 바보인가? "그는 일생을 게으르게 보냈지." 우리는 말한다. "나는 오늘 하루 종일 아무것도 한 게 없어." 뭐라고? 그대는 살아 보지 않았단 말인가? 사는 것이 그대가 하는 일 중에서 가장 기본적일 뿐 아니라 가장 고귀한 일이기도 하다. 나는 중대한 일을 처리하는 자리에 있었다면 내가 할 수 있는 바를 보여 주었을 것이다. 그대는 그대의 삶을 계획하고 관리할 줄 알았는가? 그렇다면 그 무엇보다도 위대한 일을 성취한 셈이다. 사람이 자신을 드러내고 계발하기 위해서는 본성에 운 따위는 필요치 않다. 본성은 모든 층위에서 마찬가지로 마치 장막이 없는 것처럼 이면까지 모두 드러내 보여 준다. 그대의 행동을 조절

하는 법을 알았다면, 책을 쓴 것보다 더 위대한 업적을
이룬 것이다. 제대로 쉬는 법을 알았다면 제국과 도시
를 점령한 것보다 더한 일을 한 것이다. 인간의 영광스
러운 걸작은 무리 없이 살아가는 것이다.

[3권 13장 「경험에 대하여」]

잘 산다는 것

현자들은 그렇게 살았다. 그리고 두 카토가 미덕에 대해 누구도 모방할 수 없는 논쟁을 벌였던 건 무척 놀라운 일이지만, 그들의 끈덕질 정도로 엄격한 성정은 인간 조건의 법칙과 베누스와 바쿠스의 법칙에 철저히 따른다.

여유로움과 편안함은 굉장히 명예로운 것으로, 강하고 너그러운 정신에 가장 잘 어울리는 것 같다. 에파미논다스는 자기가 사는 도시의 청년들과 진심으로 어울려 노래하고 춤추고 즐기는 것이 자신이 거둔 영광된 승리의 명예와 그가 최선을 다해 이룬 완벽한 풍습 개혁에 해롭다고는 생각하지 않았다. 그리고 천상의 혈통을 물려받았다는 평판이 자자한 조상 스키피오는 감탄스러운 행동을 많이 했는데, 특히 친구 라엘리우스와 함께 어린애같이 태평하게 해변을 따라 걸으며 조개껍데기를 골라 줍고 고리 던지기를 하고, 만약 날씨가 나쁘면 인간의 가장 저열하고 대중적인 행동을 희극으로 재현하며 즐겼는데, 이때가 가장 품위 있었다. (……)

사람이 사람답게 잘 행동하는 것보다 더 아름답고 타당한 일은 없고, 이 삶을 자연스럽게 살아가는 법을 아는 것보다 더 어려운 학문도 없다. 그리고 우리가 가진 모든 병폐 중에서도 가장 심각한 병폐가 바로 우리 존재를 경멸하는 것이다.

　　나는 내 마음에 명한다. 고통과 쾌락을 똑같이 규제된 시각으로 똑같이 단호하게, 하지만 하나는 유쾌하게 다른 하나는 엄격하게 지켜보라고. 그리고 마음이 할 수 있는 한 하나를 없애려는 마음과 마찬가지로 신경 써서 다른 하나는 확장할 마음으로 지켜보라고.

[3권 13장 「경험에 대하여」]

○   **삶의 가치**

'취미'passe-temps와 '시간을 보내다'passer le temps라는 이 평범한 표현은 삶을 가장 잘 사는 방법이 그냥 삶을 지나쳐 보내고 피하며, 할 수 있는 한 삶을 귀찮고 경멸할 무엇인 양 무시하고 꺼리면서 도망치는 거라고 생각하는 그런 신중한 부류의 습성을 잘 보여 준다. 하지만 나는 삶을 이와는 다르게 알고 있고, 지금 내가 처한 인생의 후반기에도 삶은 가치 있고 편안한 것이라고 여긴다. 자연은 너무도 호의적인 장치들을 곁들여 삶을 우리에게 넘겨 주었기 때문에 삶이 우리를 억압하거나 속절없이 손에서 빠져나간다면 우리는 자신을 탓할 수밖에 없다. 그럼에도 나는 삶이 끝나도 안타까워하지 않고 오히려 그 조건상 잃을 수밖에 없는 것으로 보며, 인생을 성가시거나 고통스러운 거라고는 여기지 않는다.

그러니까 죽기 싫어하고 기꺼이 사는 사람은 아주 적절한 행동을 하는 셈이다. 나는 남들보다 두 배나 삶을 즐긴다. 삶을 얼마나 즐기는가는 어느 정도 우리가 얼마나 열심히 즐기는가에 달려 있다. 주로 내 삶이 길지 않다고 여겨지는 지금은 삶의 무게를 늘리고 싶다. 쏜살같이 흘러가는 삶을 재빨리 잡아서 멈추게 하고 싶다. 그리고 시간을 활력 있게 씀으로써 삶의 빠른 흐름을 벌충하고 싶다. 삶을 소유할 시간이 짧아질수록 삶을 더 깊고 충만하게 만들어야 한다.

어떤 사람들은 만족하고 잘 사는 데서 달콤함을 느낀다. 나도 그들과 마찬가지로 그런 느낌을 받지만, 삶을 흘려보내고 스쳐 가는 식으로는 아니다. 우리에게 삶을 허락한 이에게 마땅한 감사를 표하기 위해서는 삶을 탐구하고 맛보고 되새김질해 보아야 한다. 사람들은 잠자는 쾌락을 누리듯 다른 쾌락을 누리면서도 그것을 알지 못한다. 잠자는 쾌락조차 이렇게 바보같이 놓치지 않기 위해 예전에 나는 누군가 내 잠을 방해해 숙면이 얼마나 달콤한 일인지를 들여다보게 하는 게 좋지 않을까 생각했다. 나는 자기만족에 대해 숙고하며 그 거품만 걷어 내지 않고 속까지 타진해 보고는 점점 서글프고 역겨워하는 내 이성을 굽혀 그것을 곰곰 생각해 본다. 나는 어떤 자세를 취하면 편안한가? 나를 짜릿하게 자극하는 쾌락이 있는가? 나는 그 쾌락이 감각을 희롱하게 놔두지 않는다. 거기에 내 영혼을 결부시킨다. 거기에 걸려들게 하려는 것이 아니라 그 걸 즐기게 하려는 것이다. 거기에 푹 빠지게 하려는 것 이 아니라 그 자체를 발견하게 하려는 것이다. 그리고 영혼의 입장에서 이 충만한 상태에 그 자체를 비춰 보 고, 그 행복의 무게를 달아 보고 평가하고 확장하게 하 려는 것이다.

영혼은 자신의 양심과 다른 마음속 격정이 안정되고 몸 은 자연스러운 상태에 있으면서 하느님의 뜻에 따라 그 의 정의로 우리를 벌주는 고통에 대한 보상으로 내린 은총을 받아 부드럽고 온화한 기능을 정연하고 능숙하 게 누리니, 이는 얼마나 하느님께 감사할 일인가 생각 해 본다. 어느 쪽으로 눈을 돌리든 하늘은 두루 고요하 고, 어떤 욕망이나 두려움이나 의혹도 공기를 어지럽히 지 않고, 그 상상력이 손상되지 않고는 피해 갈 수 없는 과거나 현재나 미래의 난관도 없는 상황에 있다는 것이 얼마나 혜택받은 일인가 새삼 곱씹어 본다.

　그래서 나는 하느님이 마음에 드는 대로 우리에 게 부여한 삶을 사랑하고 정성껏 일군다. 나는 먹고 마 셔야 하는 필요성을 호소하고 싶지 않다. 그러나 필요 한 것보다 두 배를 원하는 것도 용납되지 않는 결함이라고 생각한다. 나는 에피메니데스가 식욕을 억제하면서 삶을 유지했던 방식대로 약을 조금씩 입에 털어 넣어 목숨을 부지하기를 원치 않으며 무감각하게 손가락이나 발꿈치로 아이를 만드는 것도 원치 않는다. 또한 육체가 욕망과 짜릿한 흥분을 느끼지 않기를 원하지도 않는다. 이런 것은 배은망덕하고 불경한 불평이다. 나는 자연이 나에게 베풀어 준 바를 기꺼이 감사하게 받아들이고 거기에 만족하며 그것을 찬미한다. 위대하고 전능한 증여자가 주는 것을 거부하고 폐기하고 변형시키는 것은 잘못이다. (······)

자연은 온순한 안내자이지만, 그저 온순하기보다는 신중하고 공정하다. 나는 곳곳에서 자연의 자취를 탐색한다. 우리는 인위적인 자취를 자연과 혼동해 왔다. (······)

어떤 행동이 꼭 필요하다 해서 점잖지 못하다고 평가하는 것은 잘못이 아닐까? 어느 옛사람은 신들이 항상 필요와 공모한다고 말하지만, 쾌락과 필요의 결합이 매우 적절한 것은 아니라는 생각을 그들은 내 머릿속에서 완전히 지워 버리지는 못할 것이다.

매우 가깝고 상통하는 쾌락과 필요를 굳이 나누어

무엇 하랴? 반대로 그 둘이 서로 할 일을 주고받도록 관계를 바로잡자. 정신은 육체의 둔중함을 깨워 활발해지게 하고, 육체는 정신의 가벼움이 머물도록 묶어 두자.

하느님이 우리에게 내려 주신 선물에는 우리가 신경 쓸 만한 가치가 없는 부분은 하나도 없다. 우리는 터럭 하나조차 잘 간수해야 한다. 그리고 누구든 사람을 그 조건에 따라 인도하는 것은 가벼운 일이 아니다. 그것은 시급하고 소박하지만 매우 중요한 일이다. 그리고 창조주가 진지하고 엄격하게 우리에게 내린 소명이다.

여기서 나는 우리 같은 평범한 대중에 대해서도, 신앙과 종교의 열정으로 고양되어 신성한 사물을 꾸준히 성실하게 명상하는 그러한 존경할 만한 영혼, 우리의 생각을 다른 데로 돌리는 사상과 욕망의 자만에 대해서도 언급할 생각이 없다. (……) 그리고 우리가 궁핍하고 유동적이고 모호한 안락에 의존하는 것을 경멸하고, 덧없는 양식에 신경 쓰고 사용하는 일을 쉽게 육체의 문제로 넘겨 버리는 자들에 대해서도.

그런 사람은 자기 밖으로 빠져나가 인간으로부터 벗어나고자 한다. 이건 어리석은 짓이다. 그렇게 하면 천사로 변신하기는커녕 짐승으로 변한다. 스스로를 고양하기는커녕 비하한다. 이런 초월적 기질은 너무 높아 도달할 수 없는 영역 같아서 나는 두렵다. 소크라테스의 삶에서 그가 빠졌던 황홀경과 악마와의 대화보다 이해하기 힘든 것은 없고, 플라톤의 경우 사람들이 그를 신성하다고 말한 이유만큼 인간적인 면은 없다. 우리의 학문에서 가장 높이 올랐다는 경지가 내겐 가장 세속적이고 천박해 보인다. 그리고 알렉산드로스대왕의 삶에서 자신이 불멸하리라 생각했던 것보다 더 초라하고 치명적인 것은 없다. 필로타스는 이런 답변으로 그를 매우 유쾌하게 풍자했다. 필로타스는 알렉산드로스대왕을 신의 반열에 올려 준 제우스의 신탁 편지를 가지고 기뻐하며 말했다. "대왕님을 생각하면 맘이 편합니다. 하지만 인간을 초월해 인간의 척도에 만족하지 않는 사람과 같이 살며 복종해야 하는 자들이 가엾군요."

사람이 자기 존재를 충실히 누릴 줄 안다는 것은 절대적 완성이며 말하자면 신성한 일이다. 우리는 자신의 쓰임을 이해하려 노력하지 않기에 다른 조건을 찾는다. 그리고 자기 내부에서 무슨 일이 일어나는지 모르기에 자꾸만 밖으로 나가려 한다. 죽마에 올라타

봐야 소용없다. 거기에 올라서서도 어차피 자기 다리로 걸어야 하기 때문이다. 세상에서 제일 높은 옥좌에 오른다 해도 어차피 엉덩이만 걸치고 앉아 있는 것일 뿐이다.

내가 생각하는 가장 아름다운 삶은 기적도 화려함도 없이 보통 사람의 모범이 되게 살아가는 균형 잡힌 삶이다. 노년에는 좀 더 친절한 대접을 받을 필요가 있다. 건강과 지혜의 수호자이자 유쾌하고 사교적인 신에게 노년을 맡기자.

[3권 13장 「경험에 대하여」]

스스로를 아는 일
: 몽테뉴 『수상록』 선집

2020년 11월 14일   초판 1쇄 발행

지은이   **옮긴이**
앙드레 지드   임희근

펴낸이   **펴낸곳**   **등록**
조성웅   도서출판 유유   제406-2010-000032호(2010년 4월 2일)

               주소
               경기도 파주시 책향기로 337, 301-704 (우편번호 10884)

전화   **팩스**   **홈페이지**   **전자우편**
031-957-6869   0303-3444-4645   uupress.co.kr   uupress@gmail.com

                   페이스북   **트위터**   **인스타그램**
                   facebook.com   twitter.com   instagram.com
                   /uupress   /uu_press   /uupress

편집   **디자인**   **마케팅**
류현영, 사공영   이기준   송세영

제작   **인쇄**   **제책**   **물류**
제이오   (주)민언프린텍   (주)정문바인텍   책과일터

ISBN 979-11-89683-74-0 04100
        979-11-89683-34-4 (세트)

이 도서의 국립중앙도서관 출판예정도서목록(CIP)은 서지정보유통지원시스템
홈페이지(seoji.nl.go.kr)와 국가자료공동목록시스템(www.nl.go.kr/kolisnet)에서
이용하실 수 있습니다.(CIP제어번호: CIP2020043401)